U0962259

國家社科基金重大項目（10&ZD104）

上海師範大學古籍整理研究所編
項目首席專家、主編　戴建國
主編　朱易安　傅璇琮　周常林

全宋筆記

第七編 二

国家出版基金项目
NATIONAL PUBLICATION FOUNDATION

大象出版社

顧　　問　王水照　朱瑞熙　徐　規　李裕民

項目首席專家、主編　戴建國

主　　編　朱易安　傅璇琮　周常林

編纂委員會（以姓氏筆劃爲序）

王劉純　朱易安　李亞娜　周常林　俞　鋼　查清華

徐時儀　陳　新　張劍光　傅璇琮　虞雲國　戴建國

目録

⊙趙希鵠　撰

洞天清録

鍾　翀　整理

點校説明

《洞天清録》一卷，南宋趙希鵠撰。希鵠乃宗室子，《宋史》世系表列於燕王德昭房下，蓋太祖之後，其生卒始末則不可考。此書《序》文自題「開封」，應指祖籍；據書中提及「慶元間予嘗官守長沙」可知其曾爲官；又據書中「淳祐壬寅於臨安庚舍見永嘉一士人藏一帖」句，以時間計，慶元間爲官長沙當在青年，而此書定在淳祐壬寅之後，已屬暮年之作。或有據書中提及「嘉熙庚子，自嶺右回，至宜春」，推斷其家於宜春者，恐非。案此書所言作者見聞之地，大抵詳於浙東諸縣，如天台、浦江、諸暨、余姚、嵊縣、義烏、山陰、會稽等，其餘各路僅言及府，由此推測作者或長期寓居浙東。

是書記載古器書畫，凡一百六十則，涉及古琴、古硯、古鐘鼎彝器、怪石、硯屏、筆格、水滴、翰墨真跡、古今石刻、古今紙花印色、古畫等，洞悉源流，辨析精審，趣味盎然，歷來爲鑒賞家所重。

此書宋槧無存，元代陶宗儀《南村輟耕録》（明成化間戴珊覆元末刻本）卷十七《古銅器》篇收録趙希鵠《洞天清録集·古鐘鼎彝器辨》九則，或爲至今可見較早之輯録。明、清以來，叢書多予收録，今見於明嘉靖童氏樂志堂《奚囊廣要》、明末胡氏文會堂《格致叢書》、清道光《海山仙館叢書》、《説郛》等。亦有明以來的單行刻本與多種抄本傳世，如上海圖書館所藏明萬曆張萱考訂本、明百順堂抄本等。

此次整理，以明萬曆張萱考訂本爲底本，校以明嘉靖《奚囊廣要》本（簡稱奚囊本）、文淵閣《四庫全書》本（簡稱四庫本）、商務印書館及宛委山堂《説郛》本（簡稱商務本、宛委本）等，少數文字則據《宋史》、《南村輟耕録》等有關文獻予以訂正。

序

唐張彦遠作《閒居受用》，至首載齋閣應用，而傍及醯醢脯羞之屬。噫！是乃大老姥總督米鹽細務者之爲，誰謂君子受用如斯而已乎？人生一世間，如白駒過隙，而風雨憂愁輒居三分之二，其間得閒者纔一分耳。況知之而能享用者又百之一二，於百一之中又多以聲色爲受用。殊不知吾輩自有樂地，悦目初不在色，盈耳初不在聲。嘗見前輩諸老先生多畜法書、名畫、古琴、舊硯，良以是也。明窗淨几，羅列布置，篆香居中，佳客玉立相映，時取古人妙迹，以觀鳥篆蝸書、奇峰遠水，摩挲鍾鼎，親見商周，端硏湧巖泉，焦桐鳴玉佩，不知身居人世所謂受用清福，孰有踰此者乎！是境也，閬苑瑶池未必是過，人鮮知之，良可悲也。余故會粹古琴硯、古鍾鼎而次，凡十門，辨訂是否，以貽清脩好古塵外之客，名曰《洞天清録》。若香茶紙墨之屬，既譜載而已謬誤者，兹不復贅，觀者宜自求之。

開封趙希鵠序【一】

【一】開封趙希鵠序　以上六字原脱，據四庫本、商務本、宛委本補。

古琴辨

斷紋。古琴以斷紋爲證，蓋琴不歷五百歲不斷，愈久則斷愈多。然斷有數等：有蛇腹斷，其紋橫截琴面【二】，相去或寸或二寸，節節相似如蛇腹下紋；有細紋斷，如髮千百條，亦停勻，多在琴之兩傍，而近岳處則無之，有面與底皆斷者；又有梅花斷，其紋如梅花頭，此爲極古【三】，非千餘載不能有也。凡漆器無斷紋而琴獨有之者【四】，蓋他器用布漆，琴則不用，他器安閒，而琴日夜爲絃所激，又歲久桐腐而漆相離破。斷紋隱處雖腐，磨礪至再，重加光漆，其紋愈見。然真斷紋如劍鋒，僞則否。

僞斷紋

僞作者，用信州薄連紙，先漆一層于上，加灰，紙斷則有紋。或于冬日以猛火烘琴極熱，用雪罨激裂之。或用小刀刻畫於上。雖可眩俗眼，然決無劍鋒，亦易辨。

古琴樣制

古琴惟夫子、列子二樣。若太古琴，或以一段木爲之，並無肩腰，惟加岳，亦無焦尾，

校勘記

【二】其紋橫截琴面　「其」原作「有」，據商務本改。

【三】此爲極古　「爲極古」三字原脱，據奚囊本、四庫本、商務本、宛委本補。

【四】凡漆器無斷紋而琴獨有之者　「凡」原作「應」，據商務本改。

安焦尾處則横嵌竪木以承弦。而夫子、列子樣，亦皆肩垂而闊，非若今聳而狹也。惟此二樣乃合古制。近世雲和樣，於岳之外刻作雲頭捲，而下通身如壺瓶狀，或以夫子樣周徧皆作竹節形，名竹節樣。其異樣不一，皆非古制。又於第四弦下安徽以求異，曰「此外國琴」，尤可笑也。

古琴陰陽材

古琴陰陽材者，蓋桐木面日照者爲陽，不面日者爲陰。謂如不信，但取新、舊桐木置水上，陽面浮，陰必沉，雖反覆之再三，不易也。更有一驗，古今琴士所未曾言，陽材琴旦濁而暮清，晴濁而雨清；陰材琴旦清而暮濁，晴清而雨濁。此乃靈物與造化同機緘，非他物比也。

取古材造琴

夫古琴難得過於精金美玉，得古材命良工旋製之，斯可矣。自昔論擇材者曰：紙甑、水槽、木魚鼓腔、敗棺、古梁柱、榱桷。然梁柱恐爲重物壓損紋理，敗棺少用桐木，紙甑、水槽患其薄而受濕氣太多，惟木魚鼓腔晨夕近鐘鼓，爲金聲所入，最爲良材，然亦有敲損之患。别有擇材往監【五】，今陳述之：「昔吴錢忠懿王能琴，遣使以廉訪爲名而實物色良琴。使者至天台，宿山寺，夜聞瀑布聲止在簷外，晨起視之，瀑布下淙石處正對一屋柱，而且向日。私念曰：『若是桐木，則良琴在是矣。』以刀削之，果桐也。即賂寺僧易之。取

【五】别有擇材往監　「監」字諸本皆同，然據文意疑爲「鑒」字之誤。

陽面二琴材，馳驛以聞，乞俟一年，斲成獻忠懿。一曰『洗凡』、一曰『清絶』，遂爲曠代之寶。」後錢氏納土太宗朝，二琴歸御府。南渡初，流轉至霅川，葉夢得上之。此乃擇材之良法。大抵桐材既堅而又歷千餘年，木液已盡，復多得風日吹曝之，金石水聲感入之，所處在空曠清幽蕭散之地，而不聞塵凡喧雜之聲，取以制琴，烏得不與造化同妙？以此觀之，安琴之室亦當如是，不宜近塵穢、婦人、喧雜之地也。

擇琴不必泥名

今人見琴池沼中有「雷文」、「張越」字，便以爲至寶。殊不知雷、張皆開元、天寶時人，去今能幾何？若得古材，依法留心斲之，雷、張未必過也，惟求其是而已矣。

製琴不當用俗工

工人供斤削之役，若繩墨尺寸、厚薄方圓，必善琴高士主之。仍不得促辦【六】，每一事如槽腹、琴面之類，一事畢方治一事。必相度審思之，既斲削去，則不可復增。度造一琴并漆，必三月或半年方辦。合底、面，必用膠漆如皮紙厚，合訖，置琴於卓上，横厚木於卓下，夾卓以篾絲縛之，依法匣訖，候一月方解。底灰必雜以金銅細屑或磁器屑，薄如連紙，候極乾，再上一次。面灰用極細骨屑如薄連紙，止一上，並一月方乾。面上糙漆，僅取遮灰，光漆糙底，灰漆差厚無害。又徽者，繩也，準繩墨以定聲，尤宜留意，豈俗工所能哉？若製造之法，諸琴書備載，宜擇其善者參用之。

【六】仍不得促辦　「辦」原作「辨」，據奚囊本、四庫本、商務本、宛委本改。

製琴不必求奇

湖南有范氏曾守土，號「范連州」，自能斲琴。今有一琴在折彦質參政家。其琴面乃用方二三寸許小桐木片，以膠漆湊成之，名曰「百衲」。彈之則與尋常低下琴無異，此何益哉？木不成段，聲必不應，又爲漆所礙，其窒塞可知。折氏至今寶之，尤可笑。今人或以琴材短不及式，自岳之外别用桐木接之，亦不可也。

古琴色

古琴漆色，歷年既久，漆光盡退，惟黯黯如海舶所貨烏木，此最奇古。而或者以其無光，磨而再漆之，不惟頓失古意，且滯琴聲，此大戒也。

纯陽琴

底、面俱用桐，謂之「纯陽琴」。古無此製，近世爲之。取其暮夜陰雨之際，聲不沉然必不能達遠，蓋聲不實也。

擇琴底

今人多擇面不擇底，依法製之，琴亦不清。蓋面以取聲，底以櫃聲，底木不堅，聲必散逸。法當取五七百年舊梓木，鋸開，以指甲掐之，堅不可入者方是。

桐木不宜太鬆

桐木太鬆而理疎，琴聲多泛而虚【七】。宜擇堅實而文理條條如絲綫、密條達不邪曲

【七】琴聲多泛而虚 「而虚」二字原脱，據奚囊本、四庫本、商務本、宛委本補。

者，此十分良材。亦以搯不入爲奇，其搯得入者而麄疎柔脆，多是花桐。乃今用作漆器胎素者，非梧桐也，今人多誤用之。

桐木紫色

桐木年久，木液去盡，紫色透裡，全無白色，更加細密，萬金良材。

燻曝桐材

古人以桐、梓木久浸水中，又取懸竈上，或吹曝以風日，百種用意，終不如自然者。蓋萬物在天地間，必歷年多然後受陰陽氣足而成材，之後壯而衰，衰而老，老而死，陰陽之氣去盡，然後反本還元，復與太虛同體。其奇好處，乃與造化同功。此豈人力所能致？亦豈吹曝所能成哉？

桐木多等

有梧桐，生子如簸箕；有花桐，春來開花如玉簪而微紅，號「拆桐花」；有櫻桐，其實堪以榨油；刺桐，其木偏身皆生刺如釘，堪作梁柱。四種之中，當用梧桐。《詩》曰：「椅桐梓漆，爰伐琴瑟。」《書》曰：「椅木梓實而桐皮。」即今花桐也，花桐之實正類梓實。桐即今梧桐也。二者雖皆可以爲琴，而梧桐理疏而堅，花桐柔而不堅，則梧桐勝於花桐明矣。今取舊材，但知輕者爲桐，而不知堅而輕者爲梧桐，毋怪乎滿天下無良琴也。俚諺曰：「新爲桐，舊爲銅。」蓋指言梧桐也。

梓木多等

有楸梓，鋸開，色微紫黑，用以爲琴底者也。有黄心梓，其理正類櫧木而極細，黄白不堪，若作器用難朽，非琴材。漆木亦類梓，蓋取其漆液堅凝，古人亦以爲琴底，須不經取漆而老大者方可用。

琴腹

製琴腹，至安鳳足處須小扼之，過足則復寬之。蓋聲遇阸則不直達，過扼寬則復悠揚而出，所以韻長，乃唐雷文秘法。此論琴腹横廣也，面、底皆然，於扼處穿鑿足。

琴足

琴足宜用棗心、黄楊或烏木，蓋取其堅實。足之下須令平如銕，切忌尖與凹。足之柄與琴之鑿必大小相當，毋差毫釐。若柄小而以紙副之，琴聲必泛。岳軫、焦尾亦宜用此三等木，切不可以金、玉、犀、象爲飾，多誨盜，併爲琴害矣。

雷張槽腹法

雷、張製槽腹有妙訣，於琴底悉窪，微令如仰瓦，蓋謂於龍池、鳳沼之紘，微令有唇，餘處悉窪之。正如今銅錢之背穿眼處有弦凸起，令聲有關閉。既取其面、底皆如瓦相合，而池、沼之唇又關閉不直達，故聲有所櫃而不散，豈論琴腹堅深也？余嘗見畢文簡公張越琴，於池、沼間以指探之，果如此。

琴受土氣

古之愛琴者歿，則戒子孫藏之冢，間或有用石匣者，復出而爲世用，多是聲沉闇闇然，蓋以受土氣多、溼氣勝耳。法用大甑蒸，以去濕氣，一蒸未透，再多蒸之，於風日處挂曝經月，聲復矣。

浦江古琴

婺州浦江一士大夫家發地得琴【八】，長大，有斷紋。紹興間，獻之御府，爲巨璫所沮，曰：「此壚墓中物，豈宜進御？」遂給還。其家至今寶之。雖聲帶濁，而以作《廣陵》等大曲，弹愈久而聲方出。此琴若用前蒸曝法，當無比矣。

琴面有穿孔

南昌一士家有古琴，面上三穿孔，然皆不當絃，不礙聲，號曰「玲瓏玉」。有達官以千緡市之而去。紹興諸暨一士大夫家有一穿孔，亦不當弦，今已轉徙他處。

琴案

琴案須作維摩樣，庶案脚下不礙人膝。連面高二尺八寸，可入膝於案下而身向前。宜石面爲第一。次用堅木厚爲面，再三加灰，漆亦令厚，四脚令壯，更平，不假玷扱，則與石案無異。永州石案面固佳，然太薄，板須厚一寸半許乃佳。若用木面，須二寸以上，若得大栢、大棗木，不用膠合，而以漆合之，尤妙。又見今人作琴卓僅可容一琴，須闊可容四

【八】婺州浦江一士大夫家發地得琴　「州」原作「女」，據四庫本、宛委本改。

琴，長過琴三之一，試以案較琴聲便可見。琴案上切不可置香爐雜物於前。吴自强《雲山集》云「於案面作小水槽」，不必爾也。

琴室

前輩或埋瓮於上鳴琴，此説恐妄傳。葢彈琴之室宜實不宜虛，最宜重樓之下，葢上有樓板則聲不散，其下空曠清幽則聲透徹。若高堂大厦則聲散，小閣密室則聲不達，園囿亭榭尤非所宜。若幽人逸士於高林大木或巖洞石室之下，清曠地幽寂境，更有泉石之勝，則琴聲愈清，與廣寒月殿何異！

挂琴

挂琴不宜著壁，有土氣。惟紙糊格及漆格上當風處爲妙，然須無人往來，小兒、婦女、猫、犬所不到處。當挂時則加袋以障塵，匣之則去袋，葢袋能引溼氣。梅月須早入匣，以厚紙糊縫，安樓上陰凉處。琴匣之制，須低矮窄小，僅可容此琴。葢令容受于口【九】，仍釘鉸加鎖。若令童僕抱琴，勿横抱，多前遇物觸損雲牙。不若於袋上作大襻，竪肩背後則不損【一〇】，然襻須緊不可寬。

露下彈琴

露下彈琴而聲不乏，葢陽材也。若鐘鳴鷄唱，霜清月皎，以陽琴鼓之，聲更清徹。陰材則不然。

【九】葢令容受于口　「于」原作「子」，據四庫本改。

【一〇】竪肩背後則不損　「竪肩背後」原作「肩背肩後」，據奚囊本、四庫本、商務本、宛委本改。

彈琴盥手

未彈琴，先盥手。手澤能膩絃損聲，夏月尤甚。惟早晚差凉宜弄琴，正午炎熱，非惟汗污。天氣太燥，亦難爲絃，若陰凉處，無害。

焚香彈琴

惟取香清而煙少者，若濃煙撲鼻，大敗佳興。當用水沉、蓬萊，忌用龍涎、篤耨凡兒女態香。

對花彈琴

彈琴對花，惟巖桂、江梅、茉莉、荼蘼、簷蔔等香清而色不艷者方妙，若妖紅艷紫，非所宜也。

彈琴對月

夜深人静，月明當軒，香爇水沉，曲彈古調，此與羲皇上人何異！但須在一更後、三更前，蓋初更人聲未寂，三更則人倦欲眠矣。

彈琴舞鶴

彈琴舞鶴，鶴未必能舞，觀者閧然，彈者心不專，此與觀優何異？誠非君子之事。

臨水彈琴

湍流瀑布，凡水之有聲皆不宜彈琴。惟澄淨池沼，近在軒窗或在竹邊林下，雅宜對之。微風洒然，游魚出聽，其樂無涯也。

膝上彈琴

春秋二候，氣清而和，人亦中夜多醒，月色臨窗，披衣趺坐，橫琴膝上，時作小操，然須指法精熟方可爲此。

蚌徽

古人所以不用金、玉而貴蚌徽者，蓋蚌有光彩，得月光相射則光彩愈焕，了然分明，此正爲對月。及膝上橫琴，設若金、玉則否。今人少知此理。然當用海中産珠蚌，他蚌無甚光彩。

道人彈琴

道人彈琴，琴不清亦清；俗人彈琴，琴不濁亦濁。而況婦人女子、倡優下賤乎？

古硯辨

世之論硯者曰多用歙石，蓋未知有端溪，殊不知歷代以來皆採端溪，至南唐李主時，端溪舊坑已竭，故不得已而取其次。歙乃端之次，其失一也。近時好事者作《硯譜》，惟分端溪上、中、下三巖，而不知下巖惟有舊坑，無新坑，上、中二巖則皆有舊、新坑，於歙亦然，其失二也。世之論端溪者惟貴紫色，而不知下巖舊坑惟有漆黑、青花二種【一一】，初未

【一一】而不知下巖舊坑惟有漆黑青花二種　「黑」原作「墨」，「青」原作「清」，據四庫本、商務本、宛委本及本書下文改，下同。

【一二】初未嘗有紫　「有」字原脱，據四庫本、宛委本補。

嘗有紫【一二】，此無他，未曾覩古硯，其失三也。余慮世人貴耳鑒而無心賞，故述《古硯辨》，惟説端、歙二溪，而不他及。蓋他石皆不及端、歙，或强以爲硯，寧不羞見子墨、客卿乎？是説非老於用硯者，其孰知之！

端溪下巖舊坑

端溪下巖舊坑，卵石黑如漆，細潤如玉，扣之無聲，磨亦無聲。有眼，眼中有暈，或六七眼相連，排星斗異形。石居水底，須千夫堰水汲盡，深數丈，篝火下槌，深入穴中方得之。此巖南唐時已難得，至慶曆間坑竭。下巖舊坑又一種卵石，去膔方得材，色青黑，細如玉，有花點如筯頭大，其點别是碧玉青瑩，與硯質不同【一三】。唐吴淑《硯賦》所謂「點滴青花」是也。故名「青花子石」，今訛爲「青花紫石」，李長吉詩已訛作「紫」字，其實未嘗紫也，青黑之中或有白點如粟，排星斗異象，水濕方見【一四】。扣之無聲，磨墨亦無聲。此品南唐時已難得，慶曆間坑竭。已上二品石，久用鋒鋩愈出，不退鈍，不假磨礲。下巖上有一坑出此二種石，别無新坑。所謂「新坑」，蓋元坑已盡而别開一坑，下巖則否。

端溪中巖舊坑新坑

端溪中巖舊坑，石色紫如新嫩肝，細潤如玉。有眼小如緑豆粒，纯緑色而無暈，或有緑條紋或白條紋如線，蓋堅而圓者爲眼，横而長者爲條紋。此種亦是卵石，外有黄膔包絡。扣之無甚聲，磨墨亦無聲，久用鋒鋩不退，不假磨礲。今此坑取之亦竭。中巖新坑，

【一三】與硯質不同　「質」字原脱，據奚囊本、四庫本、商務本、宛委本補。

【一四】水濕方見　「水」原作「冰」，據奚囊本、四庫本、商務本、宛委本改。

色淡紫，眼如鴝鵒眼大，重暈而緊小，其中如瞳人狀。石老者扣之有聲，嫩者無甚聲，磨墨則微有聲。石有枯潤者，雖難得，然久用則鋒鋩退乏，必假磨礲。今此品難得，遂爲希奇之寶，百硯之中見一二耳。世人見其希有，又目未曾見古硯，遂目此爲下巖舊坑，不知此去下巖已低三等矣。

端溪上巖舊坑新坑

端溪上巖新、舊坑，皆色灰紫而麄燥，眼大如雄雞眼。扣之璫然，磨墨相拒如鋸聲，久用則鋒乏，光如鏡面，不堪用。然舊坑差勝新坑，今士夫所藏硯多此品。

他處石類端溪而非端溪者

一種瀿石，出九溪瀿溪【一五】，表淡青，裹深青紫而帶紅，有極細潤者。然以之磨墨，則墨澀而不鬆快【一六】，愈用愈光而頑硬如鏡面。間有金線或黄脉直截如界行相間者，號「紫袍金帶」。高宗朝，戚里吴琚曾以進御【一七】，不稱旨。一種辰、沅州黑石，色深黑，質麄燥，或微有小眼，則黯然不分明。今人不知，往往稱爲「黑端」，相去天淵矣。今端溪民負販者【一八】，多市辰、沅硯璞而歸，刻作端溪樣以眩人，江南士大夫被獲重價【一九】。若辰、沅人自鐫刻者，則大雕篆，或作蓮荷、水波、犀牛、龜、魚、八角、六花等樣，藻飾異常，雖極工巧而材不堪用，此亦辨辰、沅硯之一法。

【一五】出九溪瀿溪　「瀿」下原脱「溪」字，據奚囊本、四庫本、商務本、宛委本補。

【一六】則墨澀而不鬆快　「墨澀」原作「木塞」，據四庫本、宛委本改。

【一七】戚里吴琚曾以進御　「琚」原作「某」，據奚囊本、四庫本、商務本、宛委本改。

【一八】今端溪民負販者　「負」原作「貧」，據奚囊本、四庫本、商務本、宛委本改。

【一九】江南士大夫被獲重價　「江」字原脱，據四庫本、宛委本補。

歙溪龍尾舊坑新坑

歙溪龍尾舊坑，色淡青黑，湛如秋水，並無紋，以水濕之，微似紫，乾則否。細潤如玉。發墨如汎油，並無聲，久用不退鋒。或有隱隱白紋成山水、星斗、雲月異象，水濕則見，乾則否。此亦是卵石，故難得。大者極不過四五寸，多作月硯，就其材也。若純黑如角者，東坡最貴重此品，今得之亦貴重，不減端溪下巖。然龍尾舊坑雖極細，猶微澀墨，端溪下巖則直如鏉盤塌蠟矣，以此爲辨。南唐時方開龍尾舊坑，今已無之。新坑色亦青黑，無紋，而麄燥，礪墨退筆，久用則鈍乏，有大盈三尺者。

歙溪羅紋刷絲金銀間刷絲眉子四品新舊坑

四品舊坑，並青黑色，紋細而質潤如玉。羅紋真如極細羅，刷絲如髮密，眉子如甲痕或如蚕大，金銀間絲亦細密。久用不退鋒，磨墨無聲。無潤大者。然皆次於龍尾舊坑。亦南唐時開坑，今已無。如得之，貴重不減龍尾舊坑。四品新坑，並紋麄而質枯燥，且不堅。眉子大者或長二三寸，刷絲每條相去一二分，羅紋如蘿茯紋。拒墨如鋸，久用退乏光硬。大者盈一二尺。

金星舊坑新坑

金星新、舊坑並麄燥，淡青色。雖金星滿面，然礪墨退筆，久用退乏。大者盈尺。別有一種黑石金星，姿質亞端溪下巖漆黑石，乃是萬州懸金崖金星石，色漆黑，細潤如玉，隱隱金星，水濕則見，乾則否。發墨如汎油，無聲，久用不退乏，非歙也。今萬崖亦已取盡，如得之，不減端溪下巖。

銀星舊坑新坑

銀星新、舊坑並麄燥，淡青黑色。有星處不堪磨墨，工人多側取之，置其星於外，謂之「銀星墻壁」。拒墨如鋸，久用退乏如鏡面。大者盈尺。

洮河緑石硯

除端、歙二石外，惟洮河緑石北方最貴重。緑如藍，潤如玉，發墨不減端溪下巖。然石在臨洮大河深水之底，非人力所致，得之爲無價之寶。耆舊相傳，雖知有洮硯，然目所未睹。今或有緑石硯名爲洮者，多是潫石之表或長沙谷山石【二〇】。潫石潤而光，不受墨，堪作礪砥耳。

黑玉硯

荊襄鄂渚之間，有團塊黑玉璞，正與端溪下巖黑卵石同，而堅縝過之，正堪作硯【二一】。惟不如玉器出光，留其鋒耳。但黑中有白玉相間，甚者闊寸許，謂之「間玉瑪瑙」，其白處又極堅，恐梗墨【二二】，若用純黑處爲硯，當在端溪下巖之次、龍尾舊坑之上。

硯匣

硯匣不當用五金，蓋石乃金之所自出，金爲石之精華，子母同處則子盗母氣，反能燥

【二〇】多是潫石之表或長沙谷山石　「谷山」原作「山谷」，據奚囊本、四庫本、商務本、宛委本改。

【二一】正堪作硯　「正」原作「止」，據四庫本、商務本、宛委本改。

【二二】恐梗墨　「梗」原作「硬」，據商務本改。

石而又誨盜。法當用佳漆爲之。硯雖低，匣蓋必令高過寸許方雅觀。然只用琴光素漆，切忌用鈿花、犀皮之屬。四角須用布，令極牢，不宜用紗。匣取其容硯，而周圍寬三指，或作皂絹襯尤妙。今人於匣底作小穴，小竅容指，本以之出硯，而多泄潤氣。令匣稍寬，不必留竅，或有墨汙流下，多汙几案。又或匣底之下作豹脚【二三】，取其可入手指以移重硯，此尤非所宜。蓋硯實則易發墨，虛則否。故古人作硯多實，其趺又加以綀褥，正爲是也。

【二三】又或匣底之下作豹脚　「作」原作「低」，據奚囊本、四庫本、商務本、宛委本改。

古鍾鼎彝器辨

三代之制

夏尚忠，商尚質，周尚文，其制器亦然。商器質素無文，周器雕篆細密，此固一定不易之論，而夏器獨不然。余嘗見夏琱戈，於銅上相嵌以金，其細如髮，夏器大抵皆然。歲久金脱，則成陰竅，以其刻畫處成凹也。「相嵌」今俗訛爲「商嵌」。《詩》云：「追琢其章，金玉其相。」

水土傳世三等古銅器

銅器入土千年，純青如鋪翠，其色子後稍淡，午後乘陰氣，翠潤欲滴。間有土蝕處，或穿或剥，並如蝸篆自然。或有斧鑿痕，則僞也。銅器墜水千年，則純緑色而瑩如玉，未及千年，緑而不瑩，其蝕處如前。今人皆以此二品體輕者爲古，殊不知器大而厚者，銅性未盡，其重止能減三分之一或減半；　器小而薄者，銅性爲水土蒸陶易盡，至有鋤擊破處，並不見銅色，惟翠緑徹骨，或其中有一線紅色如丹，然尚有銅聲。傳世古則不曾入水土，惟流傳人間，色紫褐而有朱砂斑，甚者其斑凸起如上等辰砂，入釜以沸湯煮之，良久斑愈見。僞者以漆調朱爲之，易辨也。

銅腥

三等古銅並無腥氣，惟土古，新出土尚帶土氣，久則否。若僞作者，熱摩手心以擦之，銅腥觸鼻可畏。

識文

夏用鳥跡篆，商用虫魚篆，周用虫魚大篆，秦用大、小篆，漢用小篆、隸書，三國用隸書，晉、宋以來用楷書，唐參用楷、隸。三代用陰識，謂之「偃囊字」，其字凹入也。漢以來或用陽識，其字凸，間有凹者，或用刀刻如鐫碑。蓋陰識難鑄，陽識易成，陽識决非三代物也。

款文

款、識篆字以紀功，所謂「銘書鐘鼎」【二四】。款乃花紋以爲識【二五】。古器款居外而凸，識居内而凹。夏、周器有款有識，商器多無款有識。

【二四】所謂銘書鐘鼎　「銘」原作「名」，據奚囊本、四庫本、宛委本、《南村輟耕録》卷十七改。

【二五】款乃花紋以爲識　「爲識」二字奚囊本作「易識」，四庫本、宛委本作「陽識」。

款識真僞

古人作事必精緻，工人預四民之列，非若後世賤丈夫之事。故古器款必細如髮而匀整分曉，無纖毫模糊；識文筆畫宛宛如仰瓦而不深峻，大小深淺如一，亦明淨分曉，無纖毫模糊。此葢用銅之精者並無砂顆，一也；良工精妙，二也；不吝工夫，非一朝夕所爲，三也。今設有古器款、識稍或模糊，必是僞作，其體質、顔色、臭味亦自不同。

蠟模

古者鑄器，必先用蠟爲模如此器樣，又加款、識刻畫，然後以小桶加大而畧寬，入模於桶中，其桶底之縫，微令有絲線漏處，以澄泥和水如薄糜，日一澆之，候乾再澆，必令周足遮護訖。解桶縛，去桶板，急以細黄土多用鹽并紙筋固濟，於元澄泥之外，更加黄土二寸留竅中，以銅汁瀉入。然一鑄未必成，此所以爲貴也。

句容器

句容器非古物。葢自唐天寶間至南唐後主時，於昇州句容縣置官場以鑄之，故其上多有監官花押。其輕薄、漆黑、款細，雖可愛，要非古器。歲久亦有微青色者。世所見天寶時大鳳環瓶【二六】，此極品也。

僞古銅器

其法以水銀雜錫末，即今磨鏡藥是也。先上在新銅器上，令匀，然後以醲醋調細礀砂

【二六】世所見天寶時大鳳環瓶　「瓶」字原脱，據奚囊本、四庫本、商務本、宛委本、《南村輟耕録》卷十七改。

末，筆蘸勻上，候如臘茶面色，急入新汲水滿浸，即成臘茶色。候如漆色，急入新水浸，即成漆色。浸稍緩即變色矣。若不入水則成純翠色。三者並以新布擦令光瑩，其銅腥爲水銀所匱，並不發露。然古銅聲微而清，新銅聲濁而鬨，不能逃識者之見。

古銅瓶鉢養花果

古銅器入土年久，受土氣深，以之養花，花色鮮明如枝頭，開速而謝遲，或謝則就瓶結實，若水鏽【二七】。傳世古則否，陶器入土千年亦然。

古銅器靈異

古銅器多能辟異祟，人家宜畜之。蓋山精、木魅之能爲祟，以歷年多耳，三代鍾鼎彝器歷年又過之，所以能辟祟。范文正公家有古鏡，背具十二時，如博棊子，每至此時，則博棊中明如月，循環不休。又有士人家藏十二時鐘，能應時自鳴，非古器之靈異乎？

古印章

古人居官者必佩印，以帶穿之，故印鼻上有穴，或以銅環相綰。漢印多用五字，不用擘窠篆，止移篆畫停勻。故有左三字、右有二字，或左二字、右三字者。其四字印，則畫多者占地多，少者占地少。五代以前尚如此，今則否。

古器無識文

古人惟鍾鼎祭器稱功頌德則有識，盆盂寓戒則有識，它器亦有無識者，不可遽以爲非

【二七】若水鏽　「鏽」原作「繡」，據四庫本改。

古，但辨其體質、款紋、顔色、臭味足矣。

刁斗鐎斗

字書曰：「刁斗以行軍，晝炊夕擊。」今世所見古刁斗，柄長尺四五寸，其斗僅可容勺合，如此則恐非炊具，擊之則可。此物乃王莽時鑄威斗，厭勝家所用耳。或於上刻貳師將軍字及其他官號，尤表其僞。大抵刁斗如世所用有柄銚子，宜可炊一人食，即古之刁，訛「刁」字爲「銚」字爾。字書以銚爲田器，不言可知也。若鐎斗，亦如今有柄銚子而加三足，予曾見之，辨其質與色，真三代物。蓋刁、鐎皆有柄，故皆謂之斗，刁無足而鐎有足爾。又字書以鐎爲温器，蓋古以鼎烹，大鼎則卒難至熱，故温已烹之冷物，一二人食則用鐎，余所見者正然。

鼎大小

予猶及見漢館陶侯鼎，可容今三斗【一八】，則三代可知矣。然近世所存古鼎或有容一升半升者，考其款識則真古物也，亦謂之鼎。鼎乃大烹之器，豈爾邪？此蓋古之祭器，名曰「從彝」，曰「從」，則其品不一，蓋以貯已熟之物以祭宗廟，象鼎之形而實非鼎也，猶今之食器亦有象鉎釜者。凡曰「鬲」、曰「匜」、曰「甗」、曰「尊」，其形有甚小者皆然，故小尊或識曰「寳尊彝」。

【一八】可容今三斗　「三」字，四庫本、宛委本作「之」。

香爐

古以蕭艾達神明而不焚香，故無香爐。今所用香爐，皆以古人宗廟祭器爲之。爵爐則古之爵，狻猊爐則古之踽足豆，香毬則古之鬵，其等不一。或有新鑄而象古爲之者。惟博山爐乃漢太子宮所用，香爐之制始於此。亦有僞者，當以物色辨之。

古器不知名

餘姚一達官家有古銅盆，大如火爐，而周廻有十二環。婺州馬鋪嶺人家掘得古銅盆，而兩環在腹之下足之上。此二器文字所不載，或以環在底者爲古欵器。

追蠡

「禹之聲尚文王之聲，以追蠡。」趙岐注以追爲鐘紐，於義未安。追者，琢也。《詩》云：「追琢其章。」今畫家滴粉令凸起，猶謂之「追粉」。所謂追蠡，蓋古銅器款紋追起處漫滅也。趙氏釋蠡爲絶，亦非。絶，蓋剥蝕也。今人亦以器約用久而剥蝕者爲蠡。

春陵冢古鏡

道州民於春陵侯冢得一古鏡，於背上作菱花四朶，極精巧。其鏡面、背用水銀，即今所謂磨鏡藥也。鏡色署昏而不黑，並無青緑色及剥蝕處。此乃西漢時物，入土千年，其質並未變。信知古銅器有青緑剥蝕者，非三代時物無此也。

晉冢古器

或傳嵊縣僧舍治地得磚，上有「永和」字。及得銅器，如今香爐而有蓋，蓋上仰三足如小竹筒，空而透，上筒端各有一飛鶴，爐下亦三足，別有銅盆承之。

怪石辨

怪石小而起峯，多有巖岫聳秀嶔嵌之狀，可登几案觀玩，亦奇物也。其等有靈壁、英石、道石、融石、川石、桂川石、邵石、太湖石與其他雜出，亦多等，今列於後。

靈壁石

靈壁石，出宿州靈壁縣【二九】。其石不在山谷，深土中掘之乃見【三〇】。色如漆，間有細白紋如玉，然不起峯，亦無巖岫。佳者如菡萏，或如卧牛、如蟠螭。扣之聲清越如金玉。利刀刮之，畧不動。此石能收香【三一】，齋閣中有之，則香雲終日盤旋不散，不取其有峯也。僞者多以太湖石染色爲之，蓋太湖石亦微有聲，亦有白脉，然以利刀刮之則成屑。

英石

英州出此石。如銅鑛，聲亦如銅。倒懸生巖下，以鋸取之，故底有鋸痕。大者或長七八尺，起峯至二三寸，亦几案奇玩。然色潤者可愛，枯燥者不足貴也。

【二九】出宿州靈壁縣　「宿州」原作「絳州」，據《宋史》卷八八《地理志》改。

【三〇】深土中掘之乃見　「土」原作「山」，據商務本改，又，宋杜綰《雲林石譜》上卷《靈壁石》謂「靈壁石在土中」。

【三一】此石能收香　「石」原作「必」，據四庫本、商務本、宛委本改。

道石

道州石亦起峯可愛，但石麄，又枯燥之甚，且體脆不任衝撞。

融石

融州老君洞所出。亦起峯，麄燥體脆又甚於道州石。

川石

奇聳高大可愛，然多人力雕刻後置急水中舂撞之，其色枯燥。

桂川石

静江府所出。雖出自然，而石麄色不佳，或有玲瓏者，雅宜置之花檻中，它無用也。

邵石

寶慶府所出。色黑，多以作博棊子，或刻作筆架，並無自然峰巒。

太湖石

出平江太湖。土人取大材或高一二丈者，先雕刻，置急水中舂撞之，久如天成。或用煙薰，或染之色，亦能黑。微有聲，宜作假山。

怪石有水自出

紹興一士夫家有異石。起峰，峰之趾有一穴，其中水應潮自生，以之供硯滴。嘉定間，越帥以重價得之。

東坡小有洞天

東坡小有洞天石，石下作一座子，座中藏香爐，引數竅正對巖岫間，每焚香，則煙雲滿岫。今在豫章郡山谷家【三二】，其家珍重，嘗與告身同置一篋。

硯屏辨

古無硯屏【三三】。或銘硯，多鐫於硯之底與側。自東坡、山谷始作硯屏。既勒銘於硯，又刻於屏表而出之。山谷有烏石硯銘屏，今在婺州義烏一士夫家，用南康軍烏石，蓋烏石堅耐，它石不可用也。

宣和玉屏

洪景盧《夷堅志》云：「一士夫赴官就道，其子婦方懷妊，轎夫顛仆而半産。乃翁呼轎夫欲治之，夫曰：『逗曉不辨道路【三四】，爲一石所碍。』翁不信，親往視之，匾闊微吐玉，良璞也。携詣玉工，解作三片，青質白章，成山林、雲月、飛鳥像，歷歷分明。自取其二，以一謝工，工治作屏，因貴璫以獻御府。惜其無對，召工問之，工具以士夫姓名對，被旨以重賞宣取，湊成三屏，置之玉虛殿。」

永州石屏

永州祁陽石，雖成紋，然景藂雜不清遠，又多刻畫而成，以手摸之有凸凹可驗。間有

【三二】今在豫章郡山谷家　「山谷」二字原脱，據奚囊本、四庫本、商務本、宛委本補。

【三三】古無硯屏　「無」原作「有」，據奚囊本、商務本改。

【三四】逗曉不辨道路　「逗曉」二字原脱，據商務本補。

自然者，不甚佳。

蜀中松林石

蜀中有石，鮮開，自然有小松形，或三五十株行列成逕，描畫所不及。又松止高二寸，正堪作硯屏。屏之式，止須連腔脚，高尺一二寸許，闊尺五六寸許，方與蓋小硯相稱。若高大，非所宜。其腔宜用黑漆或烏木，不宜用鈿花、犀毘之屬。

畫屏

取名畫極低小者嵌屏腔，亦佳，但難得耳，古人但多留意作玩。面大如小盌者，亦宜嵌背。苟非名筆則不可，或用古人墨跡亦妙。

筆格辨

玉筆格

惟黑、白、琅玕三種玉可用。須鐫刻象山峯，聳秀而不俗方可，或碾作蛟螭尤佳。嘗見一士家用玉作二小兒交臂作劇，面白、頭黑，而衣紅，脚復白，以之格筆奇絶。或以小株珊瑚爲之，以其有枝可以爲格也。

銅筆格

銅筆格，須奇古者爲上。然古人曾少用筆格，今所見銅鑄蟠螭形【三五】，圓而中空者，

【三五】今所見銅鑄蟠螭形　「螭」原作「璃」，據四庫本、商務本、宛委本改。

乃古人鎮紙，非筆格也。

石筆格

靈壁、英石，自然成山形者可用。于石下作小漆木座，高半寸許，奇雅可愛。

筆格

象牙、烏木作小案面，上穴四竅，下加座子，洗筆加套訖，倒插案上，水流向下，不損爛筆心。

水滴辨

晉人水盂

余嘗見長沙同官有小銅器，形如桶，可容水一合，號「右軍硯水盂」。蓋底内有「永和」字，此必晉人貯水以添硯池者也。古人無水滴，晨起則磨墨汁盈硯池，以供一日用，墨盡復磨，故有水盂。

銅水滴

銅性猛烈，貯水久則有毒【三六】，多脆筆毫。又滴上有孔受塵，水所以不清。故銅器不可用，金、銀、錫者尤猥俗。今所見銅犀牛、天禄、蟾蜍之屬，口啣小盂者，皆古人以之貯油點燈，今人誤以爲水滴耳，正堪作几案玩具。

【三六】貯水久則有毒　「毒」原作「臭」，據奚囊本、四庫本、商務本、宛委本改。

玉杯水滴

雪白玉或瓘子玉者，其色既白，若水稍有泥淀及塵汙，立見而换之，此物正堪作水滴。上加緑漆荷葉葢葢之，葢側作小穴，以小杓柄嵌穴中，永無塵入。若當中作滴子，則塵必入，如無玉器，用古窰小磁盂爲貯水，亦佳。

古翰墨真跡辨

南北紙

北紙用横簾造紙，紋必横，又其質鬆而厚，謂之「側理紙」。桓温問王右軍求側理紙，是也。南紙用竪簾，紋必竪，若二王真迹，多是會稽竪紋竹紙。葢東晉南渡後難得北紙【三七】，又右軍父子多在會稽故也。其紙止高今一尺許【三八】，而長尺有半。葢晉人所用大率如此，驗之《蘭亭》押縫可見。

建安帖真跡

王氏所藏右軍《建安帖》真跡，今在長沙士夫家【三九】，其帖本云：「四月五日，羲之報建安靈柩至。」胡世將曾以此帖勒于豫章。其「建安靈柩」字提起别作一行，葢古人簡帖寫至他人事或稱尊長者舊處，皆如今人提空，此常禮也。予屢見硬黄倣書，亦然。今長沙所見「建安」二字，乃與「羲之報」字相連而不提空，豈有碑提空而真迹反不提空者？

【三七】葢東晉南渡後難得北紙　「北」原作「此」，據四庫本、商務本、宛委本改。

【三八】其紙止高今一尺許　「止」原作「正」，據奚囊本、四庫本、商務本、宛委本改。

【三九】今在長沙士夫家　「長沙」原作「長洲」，據奚囊本、四庫本、商務本、宛委本及本書下文改。

此乃搨《淳化閣帖》贋作無疑。蓋太宗朝刻《淳化閣帖》，乃侍書待詔王著摹勒，著，小人不學，故於古人提空處皆聯屬之，此猶可也。至於蟲鼠侵蝕與字之漫滅者，皆不空缺而強聯之，故多讀不成句【四〇】。鬻書者多以故紙浸汁染贋迹，又以墨雜朱作僞印章，令紙闇。殊不知塵水浸紙，表裏俱透，若自然舊者，其表故色，其裏必新，微揭視之則見矣。古人印章必用上等朱，譬如古畫著色，愈久愈新，初未嘗昏闇也。

硬黃紙

硬黃紙，唐人用以書經，染以黃蘗，取其辟蠹。以其紙加漿，澤瑩而滑，故善書者多取以作字。今世所有二王真迹，或用硬黃紙，皆唐人倣書，非真迹。

顔魯公真跡

顔魯公之後寓居永嘉，好事者守郡，聞其家有魯公真迹一篋，以獄事羅織之，而擇其尤者摹郡齋，篋書遂歸泉南。好事者晚年卜居武夷之下，以聲妓自隨。一夕暴雨洪水發，漂所居無踪跡，其人暴尸溪側，篋不知所在。

宋朝名賢書

朝中名賢書，惟蔡莆陽、蘇許公易簡、蘇東坡、黃山谷、蘇子美、秦淮海、李龍眠、米南宮、吴練塘傅朋【四一】。王逸老，皆比肩古人【四二】。莆陽典重有法度。許公無愧楊法華。東坡艸聖得意，咄咄逼顔魯公。山谷乃懸腕書，深得《蘭亭》風韻，然行不及真，草不及

【四〇】故多讀不成句　「句」字原脱，據商務本補。

【四一】傅朋　「朋」原作「明」，據奚囊本、四庫本、商務本、宛委本及本書下文改。

【四二】皆比肩古人　「比肩」原作「肩比」，據奚囊本、四庫本、商務本、宛委本改。

行。子美乃許公之孫，自有家法，草聖可亞張長史。淮海專學鍾、王小楷，姿媚遒勁可愛。龍眠於規矩中時飄逸，綽有晉人風度。南宮本學顔，而自成家，於側、掠、拿、趯，循古法度，無一筆妄作。練塘深入大令之室，時作鍾體。逸老殆欲欺陵懷素，或爲過矣。

古今石刻辨

北碑紙

北紙用橫簾，其質鬆而厚，不甚滲墨。以墨拂之，如薄雲之過青天，猶隱隱見紙白處也。凡北碑皆然，且不用油蠟可見矣。

北墨

北墨多用松煙，故色青黑，更經蒸潤，則愈青矣。南墨用油煙【四三】，故墨純黑，且有油蠟，可辨碑文。今贋墨皆倣此。

御府珍藏

徽宗御府所儲書，其前必有御筆金書小楷標題，後有「宣和玉瓢」御寶。淳祐壬寅，於臨安客舍見永嘉一士人藏一帖，乃唐人硬黄倣右軍書。前有金字御筆云「王右軍書《長者帖》」，後有「宣和玉瓢」樣御寶。

【四三】南墨用油煙　「墨」原作「碑」，據商務本改。

真草行墨跡筆意

今售墨迹者或云：「古人真迹，皆筆勢相聯屬，後世贋作者，必逐字爲之。」殊不知此論行草者也，若楷書則此説難用。古人真迹，字畫雖不連，而意實相聯屬，觀其意可也。若泥其説，誤矣。

古人用墨

古人晨起，必濃磨墨汁滿硯池中，以供一日之用，用不盡則棄去，來早再作，故硯池必大而深。其真、草、篆、隸，皆用濃墨。至行草過筆處，雖如絲髮，其墨亦濃。近世惟吴傅朋深得古人筆法，其它不然也。

響搨僞墨迹

以紙加碑上，貼於窗户間，以游絲筆就明處圈却字畫，填以濃墨，謂之「響搨」。然圈隱隱猶存，其字亦無精采，易見。

真迹難存

世言紙之精者可支千年，今去二王方八百餘年，而片紙無存。不獨晉人，如唐世善書之迹，甫三百餘年，亦希如星鳳【四四】，何也？嘗攷其故，蓋物之奇異者，常聚於富貴有力之家，一經大盜、水火，則舉群失之。非若它物，散落諸處猶有存者。桓玄之敗，取法書名畫一夕盡焚，所喪不知幾何，良可悲也。

【四四】亦希如星鳳　「星鳳」原作「晨星」，據奚囊本、四庫本、商務本、宛委本改。

古今紙花印色辨

淳化閣本

太宗朝，搜訪古人墨迹，令王著詮次，用棗木板摹刻十卷于秘閣，故時有銀錠紋、前有界行目録者是也。當時，用李廷珪墨拓打，手揩之不汙手。乃親王、宰執、使相除拜，賜一本，人間罕得。當時，每本價已八貫文。至慶曆間，禁中火災，其板不存。今世所見《閣帖》多乏精神，焉有《絳帖》以閣本重摹，而秘閣反不如《絳帖》精神乎？則此可以觀也。

絳州法帖

《絳州法帖》二十卷，乃潘舜臣用《淳化帖》重模而參入别帖，然比今所見《閣帖》精神過之。舜臣事力單微而自能鐫石，雖井闌階砌皆徧刻無餘，所以段數最多，或有長尺余者。舜臣死，二子析而爲二，長者負官錢，没上十卷于絳州，絳守重模下十卷足之；幼者復重模上十卷，亦足成一部。於是絳州有公、私二本。靖康兵火，石並不存，金虜百年之間重模至再。慶元間，予官守長沙，嘗見舊宰執家有南渡初親自北方携得舜臣元所刻本未分析時二十卷【四五】，其家珍藏，非得二千緡官陌不肯與人。乃北紙北墨，精神焕發，視金虜所模者天淵矣。

【四五】嘗見舊宰執家　「舊」字原脱，據四庫本、商務本、宛委本補。

潭帖

《淳化閣帖》既頒行，潭州即模刻二本，謂之《潭帖》。予嘗見其初本，當與舊《絳帖》鴈行。至慶曆八年，石已殘缺，永州僧希白重模，東坡猶嘉其有晉人風度。建炎虜騎至長沙，守城者以爲砲石，無一存者。紹興初，第三次重模，失真遠矣。

臨江帖

劉次莊模《閣帖》于臨江，用工頗精緻，且石堅，至今不曾重模。獨一卷略殘缺。然拓本既多，頗失鋒芒。今若得初本鋒芒未失者，當在舊《絳帖》之次、新《潭帖》之上，然其釋文間有訛處。

蔡州帖

上蔡臨模《絳帖》上十卷，雖比舊《絳帖》少下十卷，而迥出臨江、長沙之上，予嘗見於長沙兩府劉轎家。

武岡帖

武岡軍重模《絳帖》二十卷，殊失真。且石不堅，易失精神。後有武臣守郡，嫌其字不精采，令匠者即舊畫再刻，謂之「洗碑」，遂愈不可觀，其釋文尤舛繆。然武岡紙類北紙，今東南所見《絳帖》，多武岡初本耳，驗其殘缺處自可見。

武陵帖

《武陵帖》亦二十卷，雜取諸帖重模而參以人間未見者，其間唯右軍小字《黄庭》最妙，它帖所無也。

彭州帖

《彭州帖》亦刻歷代法帖十卷，不甚精采，紙色類北紙，人多以爲北帖。

元祐秘閣續帖

元祐中，奉旨以《淳化閣帖》之外續所得真迹刻《續法帖》。元本在禁中，後過太清樓，今會稽重摹本亦不減古《絳帖》也。

又名太清樓帖

《淳化秘閣帖》，板雖禁中火灾不存，而真迹皆藏御府。至徽宗朝，奉旨以御府所藏真迹重刊于太清樓，而參入他奇迹甚多，其中有《蘭亭》者是也，名曰《太清樓帖》。

淳熙秘閣續法帖

高宗聖學天成，奎文焕發，肆筆成書，垂法萬世。壽皇重規疊矩，宸畫尤妙。南朝訪遺書，多得晉、唐舊迹。至淳熙間，奉旨以御府珍儲摹勒入石，名《淳熙秘閣續帖》，置秘書省。寶慶火灾，其石不存。

汝州帖

《汝帖》乃王寀輔道摘諸帖中字牽合爲之，每卷後有「汝州」印，爲黄伯思所掊擊，不直一文。今會稽又以《汝帖》重開，謂之《蘭亭帖》，其實汝之靡耳！

諸郡新刊法帖

宋宣獻公刻《賜書堂帖》于山陽金鄉，首載古鍾器，識文絶妙。但《二王帖》詮擇未精，今石不存。胡龍學世將刻《豫章法書》，種種精妙，今已重摹，後有小字隸書范忠宣公《子弟戒》者是初本。許提舉閑刻《二王帖》于臨江，模勒極精，獨少詮擇。盧江李氏刻《甲秀堂帖》，前有王、顔書，多世所未見，但繼以本朝名公書頗多【四六】，大抵今人書，自當作一等耳。曹尚書彦約刻《星鳳樓帖》于南康軍【四七】，雖以衆刻重模，而精善不苟，並無今人書。韓郡王侂胄刻《羣玉堂帖》【四八】，所載前代遺迹多有未見者，後亦多今朝人書，韓敗後，入祕書省。

蘭亭帖

《蘭亭帖》，世以定武本爲冠，自薛珦作帥，别刻石易去，於元石鐫損「天」、「流」、「帶」、「石」四字以惑人。然元本亦有法可辨：鐫損四字，一也；「管絃之盛」字上不損處若八字小龜形，二也；「是日也」、「觀宇宙」兩行之間界行最肥，直界伸脚十字下【四九】，出横闌外，三也；「管絃之盛」盛字之刀，鋸利如鈎，四也；「痛」字改筆處不

【四六】但繼以本朝名公書頗多　「繼以」二字原脱，據四庫本、商務本、宛委本補。

【四七】曹尚書彦約刻星鳳樓帖于南康軍　「尚書」二字原脱，據四庫本、商務本、宛委本補。

【四八】韓郡王侂胄刻群玉堂帖　「堂」字原脱，據四庫本、商務本、宛委本補。

【四九】直界伸脚十字下　「伸」原作「到」，據奚囊本、四庫本、商務本、宛委本改。

模糊，五也；「興感之由」，「由」字類「申」，「列敘」之「列」，其堅如鐵釘【五〇】，此其大略也。然定武又自有肥、瘦二本，而鐫損者乃瘦本，爲真定武無疑，何以知之？今復州本以真定武本重模，亦鐫損四字，其字極瘦，王順伯、尤延之爭辨如聚訟，然瘦本風韻竟勝，豈能逃識者之鑒？其瘦本之石，宣和間就薛珦家宣取入禁中，龕於睿思殿東壁。建炎南渡，宗澤遣人護送此石至維揚，虜犯維揚，不知所在，或云金人以氊裘裹之，車載而去。

樂毅論

世傳《二王帖》，皆以真迹模勒，獨《樂毅論》就石書丹。其石在高學士紳家，已殘缺。至「海」字後轉屬趙立之處，今重模者後猶有趙立之印。予嘉熙庚子自嶺右回，至宜春，見元本於一士人家，用北紙北墨，無一字殘缺，而清勁遒媚，正類《蘭亭》字形，比今世所見重模本幾小一倍。此蓋齊、梁拓本，真人間希有之寶。

鍾元常帖

元常《力命帖》【五一】，惟北本與潭州本佳，它無足取。

顏魯公帖

顏碑在南方者尚多，《麻姑壇記》、《吴興石柱誌》、舊本《干禄字書》【五二】、《妙喜寺記》、《西林題名》，皆絶品也。

【五〇】其堅如鐵釘　「堅」字商務本作「竪」。

【五一】元常力命帖　「力」原作「立」，據奚囊本、四庫本、商務本、宛委本改。

【五二】舊本干禄字書　「書」字原脱，據商務本補。

歐陽率更碑

歐陽小字《千文》在邢州，《温彦博墓志》在東京，《九成宮碑》、《仲夏》、《蘭若》二帖、《化度寺碑》、《丹州刺史碑》，並在北方。會稽高續古家有重模《化度寺碑》，咄咄逼真。

鴈塔題名

此帖有北本、有彭州本，然北本爲上，彭本失真。

徐騎省小篆

徐鉉深得古小篆法，有《篆千文》，刻石南昌，精妙無媿古人，今已重模失真。

湘南碑

予遡瀟湘，歷衡、潭、永、全、道五郡，並無古刻。惟道州有《漢綏蠻校尉熊君之碑》，若浯溪《中興頌》，乃唐中世所立爾。亦已石乏【五三】，工人每因舊迹加洗刻，以爲衣食業，故愈失真。

南岳碑

余嘗見南岳一僧云：「岳山多秦、漢以來碑，在林莽蔽翳間，寺僧懼爲官司所擾，匿不敢言，亦不敢遷至屋下，故愈爲霜露剥蝕。」良可嘆也。

僞作王大令帖

山陰僧僞作王大令書《保母墓志》，韓侂冑以千緡市其石。予每疑其贋作，殊無一點

【五三】亦已石乏　「石」字原脱，據商務本補。

大令氣象。及見東坡所作《子由保母墓志》語，則僧實僞也。

古畫辨

古人遠矣，曹不興、吴道子，近世人耳，猶不復見一筆，況顧、陸之徒，其可得見之哉？是故論畫當以目見者爲準，若遠指古人曰此顧也，此陸也，不獨欺人，實自欺耳。故言山水，則當以李成【五四】、范寛；花果則趙昌、王友；花竹、翎毛則徐熙、黄筌、崔白、崔順之；馬則韓幹、李伯時；牛則厲、范二道士；仙佛則孫太古；神怪則石恪；猫犬則何尊師、周炤，得此數家已爲奇妙。士大夫家或有收其妙迹者，價已千金矣，何必遠求太古之上，耳目之所不及者哉！

李營丘

營丘作山水，危峰奮起，蔚然天成，喬木倚磴，下自成陰，軒甍閒雅，悠然遠眺，道路深遠窈窕，儼然深居。用墨頗濃【五五】，而皴斮分曉。凝坐觀之，雲煙忽生，澄江萬里，神變萬狀。予嘗見一雙幅，每對之，不知身在千巖萬壑中。

范寛

范寛山水渾厚，有河朔氣象。瑞雪滿山，動有千里之遠，寒林孤秀，挺然自立，物態嚴凝，儼然三冬在目。

【五四】則當以李成　「成」原作「晟」，據奚囊本、四庫本、商務本、宛委本改。

【五五】用墨頗濃　「頗」原作「煩」，據奚囊本、四庫本、商務本、宛委本改。

趙昌王友

趙昌折枝最工，花則含烟帶雨，笑臉迎風，果則賦形奪真，莫辨真僞。設色如新，年遠不退。友乃昌之上足，傅粉入昌之室，寫生則未逮。繼友之後者，惟長沙吴澤也。

徐熙黄筌

徐熙乃南唐處士，腹飽經史，所作寒蘆、荒草、水鳥、野鳬，自得天趣。黄筌則孟蜀王畫師，目閲富貴，所作多綺園花錦，真似粉堆而不作圈綫。孔雀、鸂鶒，艷麗之禽，動止生意。

二崔

崔白多用古格，作花鳥必先作圈綫，勁利如鐵絲，填以衆采，逼真如生【五六】，所作荷、蘆，颯然風生。順之乃白之孫，綽有祖風。所作翎毛，獨步天下。上有御寶，乃順之所作玉虚殿立屏面，流落人間，徽廟時已艱得之。

韓幹

韓幹與李、杜同時，所作馬，世間止見一二長幅，上作街道闌干，不作馬櫳【五七】，並無它物象，其馬神駿，不可名狀。

李伯時

伯時惟作水墨，不設色，其畫殆無筆迹，凡有筆迹重濁者，皆僞作，其於人物面相

【五六】逼真如生　「如生」二字原脱，據四庫本、宛委本補。

【五七】不作馬櫳　「不」原作「下」，據奚囊本、四庫本、商務本、宛委本改。

尤妙。

厲范二道士

厲歸真、范子泯，皆異人。厲多作寒林，而牛則遠觀如活，近視有未工處。范多作楊柳，筆頗嫩，而牛亦不及厲，然二家近時所無。

孫太古

太古，蜀人。多用游絲筆作人物，而失之軟弱，出伯時下，然衣褶宛轉曲盡，過於李。

石恪

恪亦蜀人。其畫鬼神奇怪，筆畫勁利，前無古人，後無來者。亦能水墨，作蝙蝠、小禽之屬，筆畫輕盈而曲盡其妙。

何尊師周炤

尊師，不知何許人。炤則熙寧畫院祗應。所作多猫犬，何則有士夫氣，周則工人態度。生動自然，二家皆有。

直幅横披【五八】

古畫多直幅，至有畫身長八尺者。雙幅亦然。横披始於米氏父子，非古制也。

古絹

河北絹，經緯一等，故無背面。江南絹，則經麄而緯細，有背面。唐人畫或用搗熟絹

【五八】直幅横披　「披」原作「幅」，據四庫本及本書下文改。

爲之，然止是生搗，令絲編不礙筆，非如今煮練加漿也。古絹自然破者，必有鯽魚口與雪絲，僞作者則否，或用絹包硬物椎成破處【五九】，然絹本堅，易辨也。

古畫色

古畫墨色或作淡墨，則積塵所成，自有一種古香可愛。若僞作者，多作黄色，而鮮明不塵暗，此可辨也。

古畫軸

古人多作簪頂軸，小而重。今人所用多如蔗段，大而輕。古人用棗木、降真或烏木、象牙，它木不用也。

米氏畫

米南宫多游江湖，每卜居，必擇山水明秀處。其初本不能作畫，後以目所見日漸摹倣之，遂得天趣。其作墨戲，不專用筆，或以紙筋，或以蔗滓，或以蓮房，皆可爲畫。畫紙不用膠礬，不肯於絹上、壁上作一筆，今所見米畫或用絹者，皆後人僞作，米父子不如此。

楊補之

臨江楊無咎補之，學歐陽率更楷書，殆逼真。以其筆畫勁利，故以之作梅，下筆便勝花光仲仁。補之嘗游臨江城中一倡館，作折枝梅於梁上矮屋，至今往來士夫多往觀之，倡以此壯門户。端平間，爲偷兒竊去其壁，車馬頓稀。今江西人得補之一幅梅，價不下百千

【五九】或用絹包硬物椎成破處　「椎」原作「推」，據四庫本、商務本、宛委本改。

錠。又詩筆清新，無一點俗氣。惜其生不遇蘇、黄諸公，今人止以作梅目之，竟無品題之者。

名畫多無對軸

郭忠恕、石恪、厲歸真、范子泯輩【六〇】，皆異人。人家多設絹素筆硯以伺其來而求畫，然將成必碎之【六一】，間有得之者，不過一幅、半幅耳。李營丘、范寬，皆士大夫，遇其適興，則留數筆。豈能有對軸哉？今人或以孤軸爲嫌，不足與之言畫矣。

掛畫

擇畫之名筆，一室止可三四軸，觀玩三五日別易名筆，則諸軸皆見風日，決不蒸濕；又輪次掛之，則不久惹塵埃；時易一二家，則看之不厭。然須得謹厚子弟，或使令一人細意卷舒出納之，日用馬尾或絲拂輕拂畫面，切不可用櫻拂。室中切不可焚沉香、降真、腦子有油多煙之香，止宜蓬萊箋耳。窗牖必油紙糊户，口常垂簾。一畫前必設一小案以護之，案上勿設障畫之物，止宜香爐、琴、硯。極暑，則室中必蒸熱，不宜掛壁。大寒，於室中漸著少火，然如二月天氣候，掛之不妨，然遇夜必入匣，莫凍損。

裝褙

畫不脱落，不宜數裝褙，一裝褙則一損精神，此決然無疑者，墨迹法帖亦然【六二】。

【六〇】范子泯輩　「子」原作「不」，據四庫本、商務本、宛委本改。

【六一】然將成必碎之　「碎」原作「醉」，據四庫本、商務本改。

【六二】墨蹟法帖亦然　「法帖」二字原脱，據奚囊本、商務本補。

看畫

古畫絹脆，以手指點之，皆能破損，一壞則不復可救。又有酒餘汚染、食後油膩，此皆大戒，切須片紙先寫此説，粘窗間以呈客，方可引客入觀。然又多有以此獲罪於貴客者，所以人家有法書名畫，止可時以自娛，苟以奇品自衒，誠賈禍之媒，切宜謹之。墨迹法帖亦然。若古鐘鼎尤脆爛，手觸之則糜潰。米元章之言如此。

辨名畫

人物顧眄語言，花果迎風帶露。飛禽走獸，精神逼真，山水林泉，清閒幽曠，屋廬深邃，橋彴往來。山脚入水澄明，水源來歷分曉。有此數端，雖不知名，定知妙手。

辨繆畫

人物如尸似塑，花果類瓶中所插。飛禽走獸，但取皮毛，山水林泉，模糊遮掩，屋廬高大不稱，橋彴强作斷形，山脚水面水源無來歷。凡此數病，皆繆筆也。

名畫印識

郭熙畫，於角有小「熙」字印。趙大年、永年，則有「大年某年筆記」、「永年某年筆記」【六三】。蕭照以姓名作石鼓文書，崔順之書姓名於葉下，易元吉書于石間。王晉卿家藏，則有「寶繪堂」方寸印。米元章有「米氏翰墨」、「米氏審定真迹」等印，或用團印，中作「米芾」字如蛟形。江南李主所藏，則有「建業文房」之印，「内合同」印。陳簡齋則有

【六三】永年某年筆記　六字原脱，據四庫本、商務本、宛委本補。

「無住道人」印。蘇武功家則有「許國後裔」、「蘇耆國老」等印。東坡則用一寸長形印，文曰「趙郡蘇軾圖籍」。吴傳朋則曰「延州吴説私印」【六四】。

名畫靈異

石恪作飛鼠，張之，則鼠不入室。何尊師作猫，則鼠皆遠避。關仝於霅川長興成山寺羅漢壁作猿鶴【六五】，皆走而復歸。吴道子作出水小龍在姑蘇達觀家，舒之則雲霞生。信州懷玉山有名畫《羅漢》，郡中每迎請祈雨，常有一二身飛還寺中。

宋復古

宋復古作《瀟湘八景》，初未嘗先命名，後人自以爲《洞庭秋月》等目之【六六】。今畫人先命名，非士大夫也。

近世畫手

近世畫手絶無。南渡初，尚有趙千里、蕭炤、李唐、李迪、李安忠、栗起、吴澤數手。今古名畫工絶，不過寫形狀畧無精神。士夫皆以爲賤者之事，皆不屑爲。殊不知胸中萬卷書，目飽前代奇迹，又車轍馬足半天下，方可下筆，此豈賤者之事哉？

盧楞伽

唐盧楞伽筆，世人罕見。予於道州見所作羅漢十六，衣紋真如鐵線，惟崔白作圈線頗得緒餘，至伯時，萬不及也。

【六四】吴傳朋則曰延州吴説私印　「曰延州吴説私印」，奚囊本、四庫本、宛委本作「曰延州吴説又曰吴説私印」。

【六五】關仝……作猿鶴　「關仝」原作「官洞」，據四庫本、宛委本改。

【六六】後人自以爲洞庭秋月等目之　「爲」字原脱，據奚囊本、四庫本、商務本、宛委本補。

畫無筆迹

畫無筆迹，非謂其墨淡模糊而無分曉也，正如善書者藏筆鋒，如錐畫沙、印印泥耳。書之藏鋒，在乎執筆沉著痛快。人能知善書執筆之法，則能知名畫無筆迹之説。故古人如大令，今人如米元章，善書必能畫，善畫必能書，其實一事爾。

畫家點睛

人物鬼神生動之物，全在點睛，睛活則有生意。宣和畫院工或以漆點睛，然非要訣。要須先圈定目睛，填以藤黄，夾墨於藤黄中，以佳墨濃加一點作瞳子。然須要參差不齊，方成瞳子，又不可塊然。此妙法也。

摹臨

臨者謂以元本置案上，於旁設絹素，像其筆而作之。繆工決不能如此，則以絹加畫上摹臨之，墨稍濃則透汚元本，頓失精神。若以名畫借人摹臨，是謂棄也。就人借而不從，尤非明鑒者也。米元章就人借名畫，輒模本以還，而取其元本，人莫能辨，此人定非鑒賞之精也。

金碧山水

唐小李將軍始作金碧山水，後王晉卿、趙大年，近日趙千里皆爲之。大抵山水初無金碧、水墨之分，要在心匠布置何如爾。若多用金碧，如今生色罨畫之狀而略無風韻，何取乎？水墨其爲病，則均耳。

畫忌如印

畫忌如印。吴道子作衣紋，或揮霍如蓴菜條，正避此病耳。由是知李伯時、孫太古專作游絲，猶未盡善。李伯時有逸筆，太古則去吴天淵遠矣。

◎陳　録撰

善誘文

李國强　整理

點校説明

《善誘文》一卷，陳録撰。陳録號丹穴老人，生平事跡不詳，只知生活在南宋孝宗、光宗、寧宗時期。

是書輯録前人語言、文字，間以撰者議論，大多爲座右銘、格言之類，其中不無因果報應思想，但對人們行爲的規範，仍有參考價值。

此次整理，以《百川學海》本爲底本，校以《叢書集成》本。

序

丹穴老人，吾家之長兄也。僻好編集戒殺之文傳於世，因戒而得善報者，則編之；因不戒而得惡報者，則不敢編也。雖然，猶慮人不喜觀，復以前賢警世格言渾殽乎其間，聊欲誘人之一覩也。或問之曰：「丹穴老人何苦如是？」吾兄乃屈指笑而言曰：「予不願如楊寶得玉環，予不願如宋郊奪魁選，予不願如竇禹鈞有五枝芳，予不願如黄兼濟登仙籍。但願予在世蔬食菜羹，不敢不飽，飯蔬飲水，樂在其中，如斯而已。盡乎天年，既没之後，願如壽師，不見閻王，徑歸淨土，得幸西方聖人講論佛道，且無輪迴之苦，死喪之戚，豈不樂哉！」吾兄喜得此理，欲與世人共之，俾弟鍊趣刊版而印施之，目曰「善誘文」。噫！觀吾兄之所編，則善誘之意可知矣。嘉定十四年辛巳歲重陽日，弟鍊再拜謹序。

趙清獻公座右銘

依本分。無煩惱。
莫妄想。常快樂。
待則甚。一任他。
怎奈何。休理會。
知足勝持齋。萬事隨緣，何須特地。
無求勝布施。無求自安，布施貪福。
懼法朝朝樂。懼則不爲，心地常樂。
欺公日日驚。欺則自知，心豈不驚？
爭先徑路機關惡。急於趨利，用心必惡。
近後語言滋味長。謙退自守，情況甚佳。
爽口味多須作疾。偏勝之味，疾疹隨作。

快心事過必爲殃。一時快意，事過傷身。
得便宜處莫再去。得失無常，事不可必。
怕人知事莫萌心。先察可否，然後起意。
盛喜中勿許人物。不副所願，即成妄語。
盛怒中勿答人簡。既形紙筆，溢語難收。
無心於事，無事於心。兩者既無，即得解脱。
聞諸惡言，如風如響。彼自妄發，何須理會。
人有不及，可以情恕。嗔心便息，事過無悔。
非意相干，可以理遣。當一無事，胸中泰然。
良田萬頃，日食二升。一飽之外，皆他人享。
大厦千間，夜卧八尺。一席之外，皆是餘地。
説得一尺，行得一寸。説而不行，損氣無益。
但行好事，莫問前程。好事若行，前程自在。

人與物同

貪生畏死，人與物同也。愛戀親屬，人與物同也。當殺戮而痛苦，人與物同也。所以不同者，人有智，物則無智。人能言，物則不能言。人之力强，物之力則微弱。人以其無智【一】，不能自蔽其身。以其不能言，而不能告訴。以其力之微弱，不能勝我。因謂物之受生，與我輕重不等，遂殺而食之。凡一飲一食，不得肉則不美。至於辦一食，又不止殺一物也。食鳩、鴿、鶉、雀者，殺十餘命，方得一羹。食蚌、蛤、蝦、蜆者，殺百餘命，方得一羹。又有好美味求適意者，則不止據現在之物，順平常之理，殺而食之。或驅役奴隸，遠致異品，或畜養雞、魚、犬、彘，擇肥而旋殺。生蟹投糟，欲其味入。鞭魚造膾，欲有經紋。聚炭燒蚌，環火逼羊。開腹取胎，刺喉瀝血。作計烹煎，巧意鬬飣，食之既飽則揚揚自得，少不如意則怒駡庖者。嗟乎！染習成俗，見聞久慣，以爲飲食合當如此，而不以爲怪。深思痛念，良可驚懼。縣令俞偉撰。

超然居士六法圖

日用八如

無私如天地，光明如日月，靜重如須彌，深廣如大海，無住如虛空，隨順如流水，榮辱如空華，寃親如夢幻。守此八如，一生事畢。

自警八莫

心念莫妄想，光陰莫閑過，名利莫貪求，嗔怒莫恣縱，見人莫妬忌，世財莫常守，强梁莫恃賴，臨事莫害人。守此八莫，一生安樂。

【一】人以其無智　「人」，按文義當作「物」。

作官十宜

百姓宜安，刑罰宜省，稅斂宜薄，寃抑宜察，追呼宜簡，判決宜審，用度宜節，興作宜謹，燕會宜戒殺，思患宜豫防。守此十宜，治道盡矣。

處世十當

習氣當除，心行當息，諸惡當斷，衆善當行，五慾當滅，三業當淨，盈滿當畏，危難當救，善事當成就，爲人當竭力。守此十當，生死無愧。

對治十常

居富貴常憐窮困，受快樂常恐災禍，見在常生知足，未來常思戒懼，寃結常求解免，衣食常思來處，起念常教純正，出語常思因果，逆境常當順受，動静常付無心。守此十常，更無煩惱。

悲誓十願

願一切人安樂，願一切人離苦，願難行能行，願難捨能捨，願難忍能忍，願難信能信，願除憎愛，願無欺誑，願常滿人意，願常依本分。守此十願，賢行必成。

好生之德

天地以好生爲德，故羽毛鱗介無一不遂其性。諸佛以慈悲爲念，故蠢動含靈無一不適其情。此無他，只是存心廣大。一切衆生，皆吾愛子。一切血屬，皆吾性命。則放生詎可緩耶？世人當知戒殺，止足以解物之寃，若能放生，不唯與物爲恩，又集無窮之福。今人處世，豈無所願，子孫則欲其昌榮，名利則欲其超勝，以至學道學佛，必欲善行圓滿，早成正覺。余見世人皇皇百計求是數者，無一如意。曾未知放生因果，其效甚速，不觀古人已驗之事，難發好生慈悲之心。漢楊寶救一黄雀，報以玉環，令生清白子孫。其後震、秉、賜、彪，四世三公。覩前人子孫昌榮如此，則凡爲子孫計者，可不以放生爲急乎？宋莒公戲編竹橋，以度羣蟻，遂魁天下，福禄壽考，當世無比。覩前人名利超勝如此，則凡爲名利計者，可不以放生爲急乎？孫真人解衣贖蛇，得水府活人之方，遂登仙籍。壽禪師盜錢放生，恬不畏死，遂爲大善知識。則道佛之獲報應，又如何耶？且放生之門，非止一端，或舉於四月八日供佛之時，或施於慶誕日祝壽之際，或遇本命，或因疾病，或過門而憐其無辜，或出路而見其可憫，皆因果也。會稽丁鋭撰。

司馬温公訓儉

孔子曰：「奢則不遜，儉則固，與其不遜也寧固。」又曰：「與其奢也寧儉。」又曰：「以約失之者，鮮矣。」又曰：「士志於道而耻惡衣惡食者，未足與議也。」古人以儉爲美德，今人以儉相耻病。嘻！異哉。昔張文節知白爲相，自奉養如河陽掌書記時，所親或規之曰：「公受俸不少，而自奉如此，雖自信清約，外人頗有公孫布被之譏。公宜少從衆。」公嘆曰：「吾今日之俸，雖舉家衣錦玉食，何患其不能。顧人之常情，由儉入奢易，由奢入儉難。吾今日之俸，豈能常有，身豈能常存，一旦異於今日，家人習奢已久，不能頓儉，必至失所。豈若吾居位去位、身存身亡如一日乎？」嗚呼！賢者之深謀遠慮，豈庸人所及哉！御孫曰：「儉，德之共也；侈，惡之大也。共，同也。」言有德者皆從儉來也。夫儉則寡欲。君子寡欲，則不役於物，可以直道而行；小人寡欲，則能謹身節用，遠罪豐家。故曰：儉德之共也。侈則多欲。君子多欲，則貪慕富貴，枉道速禍；小人多欲，則多求妄用，敗家喪身。是以居官必賄，居鄉必盜，故曰：侈，惡之大也。丹穴老人曰：知温公之訓儉，又當知其所以儉。儉之中禮，人皆悦服；儉不中禮，人皆鄙之。故處己以儉，謂之德；待人以儉，謂之鄙。予恐世人守温公之訓馴，致於鄙吝慳嗇也。故云爾。

求登科第

許叔微敬事白衣觀音，求登科第。夜夢觀音，謂之曰：「汝前生無恩德及人，如欲登第，能以藥餌濟惠世人，必獲福報。」叔微敬信其言。將及二載，復夢觀音，以偈贈之曰：「藥有陰功，陳樓間處，殿上呼臚，喝六得五。」其後以張九成榜中得第六名，以太學恩例陞第五名。而第四名乃陳祖言，第六名乃樓才。是應陳樓之間處其名也。

衆生愛戀性命

經云：「一切畏刀杖，無不愛壽命。」故王克殺羊，羊奔客而拜訴；鄒文立殺鹿，鹿跪而流淚。驚，禽投案，請命於魏君。窮獸入廬，求生於區氏。近者，沈遇内翰通判江寧府時，廚中殺羊，屢失其刀，窺之，乃見羊銜刀而藏之牆下。周豫學士嘗煮鱔，見有鞠身向上，而以首尾就湯者，剖之，見腹中有子，乃知鞠身避湯者，以愛子之故。楊傑提刑遊明州育王山，因晝臥，夢有婦女十數人，執紙若有所訴。密遣人往視行廚，果得蛤蜊十數枚，訴者乃蛤蜊求生也。有生愛戀其情如此。當其被擒執時，前見刀杖，乞生無由，旁見親聚，欲戀不得，抱苦就終，銜悲向盡。既受屠割，復入鼎鑊，種種痛苦，徹入骨髓。當此之時，彼心如何？今人或爲湯火所傷，或爲針刀誤傷，手足痛已難忍，必號叫求救。至暫時頭昏腹痛，或小可疾病，便須呼醫買藥，百端救療，於我自身，愛惜如此。至於殺物，則恣意屠宰，不生憐憫。未論佛法明有戒勸，未論天理明有報應。若不仁不恕，惟知愛身，不知愛物，亦非君子長者之所當爲也。諦觀物情，當念衆生，不可不戒，不可不戒。知縣俞偉撰。

范文正公義田記

范文正公，蘇人也。平生好施與，擇其親而貧、疏而賢者，咸施之。方貴顯時，於其里中買負郭常稔之田千畝，號曰「義田」，以養羣族之人。日有食，歲有衣，嫁娶凶葬，皆有贍。擇族之長而賢者一人主其計，而時其出納焉。日食人米一升，歲衣人一縑，嫁女者錢五十千，娶婦者錢二十千，再嫁者錢三十千，再娶者十五千，葬者如再嫁之數，葬幼者十千。族之聚者九十口，歲入粳稻八百斛，以其所出，給其所聚，霈然有餘，而無窮。仕而家居俟代者預焉，仕而之官者罷其給。此其大較也。初公之未貴顯也，嘗有志於是矣，而力之未逮者二十年。既而西帥，以至於參大政，於是始有禄賜之入終其志。公既没，後世子孫至今修其業，承其志，如公存也。公雖位充禄厚，而貧終其身。既没之日，身無以爲斂，子無以爲喪，惟以施貧活族之人遺其子而已。公之忠義滿朝廷，事業滿邊鄙，功名滿天下，後必有良史者書之，予可無書也。獨書其義田，以警於世云。公諱仲淹，字希文。嘉祐四年八月十日晉陵錢公輔記。

慮傷蟄蟲冬不修葺

曹武惠王彬，國朝名將，勳業之盛，無與爲比。嘗曰：「自吾爲將，殺人多矣。然未嘗以私喜怒輒戮一人。」其所居堂屋弊壞，子弟請加修葺，公曰：「時方大冬，牆壁瓦石之間百蟲所蟄，不可傷其生。」其仁心愛物蓋如此。丹穴老人曰：國朝名將，未免殺戮，余心曾不爲怪，以謂軫戒殺放生之心，至大至廣者，非斯人而何。剿其寇，使生民可以保其命，此戒殺之大者也。撫其境，使生民可以安其居，此放生之廣者也。觀余所編施之文，乃戒殺放生之小者，誠有愧焉。得非所謂窮則獨善其身之意歟。

張氏子

張氏子年十五歲，嘗持鮮魚一籃，就溪邊破之，魚撥刺不已，刀誤傷指，痛殊甚。忽念言曰：「我傷一指，痛如是，而羣魚刮鱗剔腮，剖腹斷尾，其痛可知，特不能言耳。」盡放魚於溪中而歸。自後更不復殺一物。撥刺，上音鉢，下音辣，魚掉尾聲。

竇諫議陰德記

竇禹鈞，范陽人。生五子，儀、儼、侃、偁、僖。儀，禮部尚書；儼，禮部侍郎，皆爲翰林學士。侃，左補闕。偁，左諫議大夫、參知政事。僖，起居郎。初，禹鈞家豐厚，年三十無子，夜夢祖考謂曰：「爾早修行，緣爾無子，又壽不永。」禹鈞唯諾。禹鈞爲人素長者，先有家僮盜用房錢二百千，慮事覺，有女年十二三，自寫券繫女臂云：「永賣此女與本宅，償所負錢。」自是遠遁。禹鈞見而憐之，即焚其券，以其女囑妻曰：「善撫養之。」既笄，復以二百千擇良配，得所歸。後僕聞之，乃歸，感泣訴以前罪，禹鈞不問。由是父子圖禹鈞像，晨興祝壽。同宗外姻有喪不能舉，公爲出錢葬之，因公而葬者凡二十七喪。孤遺女貧不能嫁者，公爲出錢嫁之，由公而嫁者，凡二十八人。故舊相知，雖與公有一日之雅，遇其窘困，必擇其子弟可委以財者，隨多寡貸以金帛，俾之興販，由公活者數十家。四方賢士賴公舉者，不可勝數。公每歲量所入，除伏臘供給外，皆以濟人之急。家惟儉素，器無金玉之飾，室無衣帛之妾。於宅南建書院四十間，聚書數千卷，禮文行之儒延致師席。凡四方孤寒之士無供須者，公咸爲出之，無問識不識，有志爲學者，聽其自至，故其子見聞益博。由公之門登貴仕者，前後接踵來拜公之門，必命左右扶公坐受。及公之亡，蒙恩深者有持心喪三年以報遺德。公之祖考既夢以告無子壽促，後十年復夢告之曰：「汝三十年前，實無子且壽促，我嘗告汝。今汝數年以來，名掛天曹，陰府以汝有陰德，特延壽三紀，賜五子，各榮顯，仍以福壽而終，後當留洞天充真人位。」言訖，復謂曰：「陰陽之理大抵不易，善惡之應或發於見世，或報於來生，天網恢恢，疏而不漏，此無疑也。」公愈積陰功，年八十二别親戚談笑而盡。世稱教子者，必曰「燕山竇十郎」云。仲淹祖與之爲故人，實書其事于策，以示子孫。惜乎不傳于天下，故録以示好善者。庶見陰陽報應之理，使惡者知所戒焉。馮瀛王道贈公詩云：「燕山竇十郎，教子有義方。靈椿一株老，仙桂五枝芳。」參政范仲淹記。

活蟻魁天下

二宋少時同在黌舍，有胡僧相之曰：「小宋他日魁天下，大宋亦不失甲科。」後十年，胡僧復至，執大宋手而驚曰：「公陰德文見於面，如活數百萬人命者。」大宋笑曰：「寒儒豈能活人命？」僧曰：「不然。蠢動之物，皆命也。」大宋沉吟久之，曰：「旬日前堂下有蟻穴，爲暴雨所侵，群蟻繚繞穴旁，吾戲編竹橋以渡之。」僧曰：「是也。小宋今歲當首捷，然公不出小宋之下。」比唱第，小宋果中魁選。章憲太后臨朝，謂弟不可先兄，乃以大宋郊爲第一，小宋祁爲第十。

黃承事儲穀濟人

尚書張詠守成都，嘗夜夢詣紫府真君，繼請到西門黃承事，真君降階接之，其禮甚恭，揖張尚書坐承事之下。夢覺，莫知所謂。明日問左右，西門有黃承事否？左右云：「有。」亟命召之，戒令具常服來。既至，果如夢中所見者。即以所夢告之，問平生有何陰德，真君禮遇如此，又坐吾上。再三叩之，不獲已。承事云：「別無他長，惟每歲收成之時，隨意出錢收糴米糧，候至來年新陳未接之際，糶與細民，價例不增，升斗如故。」尚書嘆曰：「此宜居我之上也。」使兩吏掖之而拜。世傳紫府真君主天下神仙籍，如張尚書、黃承事，亦皆在籍中，而黃承事又居其上，其子孫青紫不絕，非賑濟陰德之大者所致然耶？黃承事，諱兼濟。

直疑自古無君子

夫禽獸之與人也何異焉？有巢穴之居，有夫婦之配，有父子之性，有生死之情。烏反哺，仁也。隼憫胎，義也。蜂有君，禮也。羊跪乳，智也。雉不再接，信也。熟究其道，萬物之中，五常百行無所不有也。而教之爲網罟，使之務畋漁。且夫焚其巢穴，非仁也。奪其親愛，非義也。以斯爲享，非禮也。教民殘暴，非智也。使萬物懷疑，非信也。夫羶臭之慾不止，殺害之機不已，羽毛雖無言，必狀我爲貪狼之與封豕。鱗介雖無知，必名我爲長鯨之與巨虺。胡能自安，焉得不吁。直疑自古無君子。宋齊丘撰。丹穴老人曰：齊丘之矯言，類乎佛老。余喜其戒殺，故有取爾。古者穴居野處，茹毛飲血。后稷教民播種，烝民乃粒。其好生之德，與夫勝殘去殺之功，自亘古以來，未有大於此者也。今齊丘議不及此，而直疑自古無君子，惜哉！

修爲果報

儒家言施報，佛家言布施果報，其實一也。佛言欲得穀食，當勤耕種。欲得智慧，當勤學問。欲得長壽，當勤戒殺。欲得富貴，當勤布施。布施有四，一曰財施。二曰法施。三曰無畏施。四曰心施。財施者以財惠人。法施者以善道教人。無畏施者謂人及衆生當恐懼時，吾安慰之，使無畏，或教以脱離恐懼，使無畏。心施者深雖不能濟物，常存濟物之心。佛以孝養父母，亦爲布施。是凡施於外者皆爲布施。故爲下而忠難事上，爲長而仁慈安衆，爲師而謹於教導，爲友而誠於琢磨。一言一話之間必期有益，一動一止之際必欲無傷。種種方便利物，勿使有所損害，皆布施也。所爲如此，存心又如此，後世豈得不獲富貴之報？古語云：「人人知道有來年，家家盡種來年穀。人人知道有來生，何不修取來生福。」是今生所受之福，乃前世所修者，猶今歲所食之穀，乃前歲所種者。人不能朝種穀而暮食，猶不能旋修福而即受。所以穀必半歲，福必隔世也。孔子謂：「既以爲人，己愈有。既以與人，己愈多。」皆布施之謂。曾子謂：「出乎爾者，反乎爾。」老子云：「天網恢恢，疏而不漏。」皆果報之謂。是儒道二教皆言施報，但不言隔世爾。佛以此身爲報身，爲報我前世所爲，故生此身，所以貧富、貴賤、榮枯、壽夭種種不同，則前世所爲不同，亦可知矣。龍舒王日休撰。

壽禪師放生得壽

禪師名延壽，丹陽人。初爲餘杭縣衙吏，虧欠庫中錢幾半，有司鞫之，止是買放生用過，不意虧耗遽如許也。其罪當死，臨刑，顔色愉愉，顧謂獄吏曰：「我在世放活萬萬生命，今死去徑歸西方，豈不樂哉！」錢王聞而奇之，亟釋其罪，遂爲僧。夜夢觀音以甘露灌其口，慧性日明，著《萬善同歸集》數百卷，住持雪竇永明。壽至九十八歲。合掌坐化而終，瘞于塔下。有僧每日遶塔禮拜，人問其故，答曰：「我撫州僧也，因病至陰府，命未盡，放還。見殿角有僧畫像一軸，閻王自來頂禮，余問之，主吏云：『此杭州永明寺壽禪師也。凡人死者，皆經此處。唯壽禪師不經此處，已在西方極樂世界上品上生。王敬其人，圖畫於此供養。』」以此見好放生者徑生西方，又爲陰府所重也如此。丹穴老人曰：禪師好放生，而自名曰「延壽」，其後果得壽終。生於淨土，且無輪迴死喪之苦，其得壽可知矣。古人言有志者事竟成，壽師得之矣。

省心雜言

聞善言則拜，告有過則喜。有聖賢氣象。○和以處衆，寬以接下，恕以待人。君子人也。○誠無悔，恕無怨，和無仇，忍無辱。○以責人之心責己，則寡過。以恕己之心恕人，則全交。○寡言省謗，寡慾保身。○多言獲利，不如默而無害。○以忠孝遺子孫者昌，以智術遺子孫者亡，以謙接物者强，以善自衛者良。○爲子孫作富貴計者，十敗其九。爲人作善方便者，其後受惠。○耳不聞人之非，目不視人之短，口不言人之過，庶幾爲君子。○廣積不如教子，避禍不如省非。○屈己者，能處衆。好勝者，必遇敵。○結怨於人，謂之種禍。捨善不爲，謂之自賊。○孝於親，則子孝。欽於人，則衆欽。○内睦者，家道昌。外睦者，人事濟。○食能止飢，飲能止渴。畏能止禍，足能止貪。○知足則樂，務貪則憂。○爲政之要，曰公與清。成家之道，曰儉與勤。○不自重者取辱，不自畏者招禍，不自滿者受益，不自是者博聞。吉凶悔吝非天，無有不由己者。○張飽帆於大江，驟駿馬於平陸，天下之至快，反思則憂。處不爭之地，乘獨後之馬，人或我嗤，樂莫大焉。敷文李士舉撰。

五戒之首

佛言五戒，以殺戒爲首。佛言十業，以殺業爲首。《楞伽經》云：「若一切人不食肉者，亦無有人殺害衆生。」由人食肉，故屠者殺以販賣。若能悉捨不食，是真修行，堪受一切人天供養。若於食肉未能盡斷顧，且以漸次方便，除去殺心。或者不食四等肉。一者，曾見殺則不食。二者，曾聞殺則不食。三者，人專爲我殺則不食。四者，家所自殺則不食。如是而戒，既不廢常食，且於衆生無殺害意。至於蚤、蝨、蚊、蚋，形雖微小，其遭殺受痛，亦與牛羊一等。勿謂微小，便輕殺之。至於蛇、蝮、蜂、蝎，偶然現前，未曾傷人，勿謂螫毒，便輕殺之。至於籠養飛鳥，繫閉走獸，爲其音聲形狀可以悦吾耳目，爲我玩樂，令彼憂愁，又何不仁也。若放之山林，使得自在，何異罪囚得脱牢獄。今日自戒矣，遂生慈心。慈心既堅，當世世無殺物之意。一身自戒，則一家必不殺。一家不殺，則一鄉必漸效之。其爲功利，不可稱量。佛語無虚，理又明白，仁人君子，幸垂聽而無忽也。縣令俞偉撰。

受用隨分説

佛言受即是空。受謂受苦、受樂，及一切受用也。如食列數味，放筯即空。出多騶從，既到即空。終日遊觀，既歸即空。又如爲善事既畢，其勤勞即空，而善業具在。爲惡事既畢，其快意即空，而惡業具在。若深悟此理，則食可菲薄，無過用殺害之寃債。出可隨分，無勞心苦人之煩惱。遊觀可息，無放蕩廢事之愆。尤善可勉爲，無懈怠因循之失。惡可力戒，無恣縱怨讎之罪。余喜得此理，願欲與人共之。龍舒王日休撰。

仁壽必鑑

《大藏經》云：「人不殺得長命報，如愛護物命，及放生施食，皆得長壽。」○《神農本草》云：「凡禽鳥飛投於人，其口體内必有物中傷。當與除其害而放之，大獲吉利，必享高年。」○《仙經》云：「人能一生起不殺心，一切衆生見之，不生恐怖。」○老人云：「小兒嬉戲，殺蝶、蟻、蠅、蟲之類，宜禁之。非唯傷生，亦熾其殺心，長大不知仁恕。」○里諺云：「畜雞害物命甚衆，日食活蟲五百，主分半罪。」此説雖鄙俗，然亦誡殺之一端也。○老人云：「凡人於行住坐卧之間，見一切衆生投身死地，如蛾赴燭，如蟲墮網，如鳥雀被傷，如螻蟻被踏之類，方便救護，使獲生全，此皆福壽長者之所當爲也。」○蘇東坡云：「余少不喜殺生，然未斷也。近年始能不殺猪羊，然性嗜蟹蛤，故不免殺。自去年得罪下獄，始意不免，既而得脱，遂自此不復殺一物。有見餉蟹蛤者，皆放之江中。雖無活理，然猶庶幾萬一。便使不活，亦愈於煎烹也。非有所求覬，但已親經患難，不異雞鴨之在庖廚，不復以口腹之故，使有生之類受無量怖苦爾。猶恨未能忘味，食自死物也。今日從者買一鯉，長尺有咫，雖困，尚能微動，乃置水瓮中，須其死食，生即放之。」

東平爲善

後漢東平憲王蒼，顯宗母弟也。上問處家何等最樂？對曰：「爲善最樂。」及薨，肅宗東巡，幸其宫追感，謂其子曰：「思其人，至其鄉，其處在，其人亡。」肅宗大慟。

司馬稱好

後漢司馬徽不談人短。與人語美惡，皆言好。有人問徽安否？答曰：「好。」有人自陳子死，答曰：「大好。」妻責曰：「人以君有德，故相告。何聞人子死，便言好。」徽曰：「吾妻之言，亦大好。」

楊寶黃雀

後漢楊寶，華陰人。年七歲，因行至華山，見一黄雀，被傷墜地，爲螻蟻所困。寶見而憐之，因收於巾箱中，採黄花蘂飼之，經旬日，瘡愈，旦去暮來。忽一朝變爲黄衣年少，見寶下拜，持玉環一雙，贈之，曰：「俾爾壽年九十三而終。俾爾子孫四世爲三公。」寶生震，明帝時爲太尉。震生秉，和帝時爲太尉。秉生賜，安帝時爲司徒。賜生彪，靈帝時爲司空。丹穴老人曰：好戲作罪，世俗以爲大戒。又豈知七歲小兒，能好戲作善者乎？其後子孫蒙福壽報，如此其大且久也。異哉！

天買放生

乾道年間，海陵有販人載鱓魚數船，欲往彼處貨之。既至，將艤岸，俄有黑雲蔽船，雷霆大震，船中鱓魚皆羽化。其販人覺腰間甚重，解衣視之，得黄金三十兩。時人謂天買放生。蓋鱓魚有鑊湯之苦，就死大酷，故天特捐金救之。

李舟語

唐御史李舟曰：使釋迦生中國，設教當如周、孔。使周、孔生西方，設教當如釋迦。天堂無則已，有則君子生。地獄無則已，有則小人入。君子贏得爲君子，小人枉了爲小人。

毛寶白龜

晉毛寶，時年十二歲，戲行於江口，見漁人釣一白龜，寶以錢贖之，放之江中。後二十餘年，寶守邾城，與石虎將軍交戰，戰敗投江，脚如踏石，渡寶至岸。回首視之，乃昔時所放白龜也。長四尺餘，迴至中流，猶反顧，有不忍捨去之意。

子瞻以己諭雞

蘇子瞻在元豐間，赴詔下獄，囑其長子邁送食，惟菜與肉，設有不測，當送以魚，以此爲候。邁謹守。踰月後，委親戚代送，誤以肥鮓送之。子瞻大駭，憂不免於死，乃就獄中作二詩，有「魂飛湯火命如雞」之句。神宗聞而憐之，事從寬釋。既而南行，子瞻猶有慊意，乃以阿彌陁佛一軸隨行。人問其故，答曰：「此余投西方見佛公據也。」及赦罪放免，還家，每見庖廚有活物，即令人放之。嘗有言曰：「吾得罪，處囹圄，何異雞鴨之在庖廚。我今豈忍復殺彼之生命耶？」丹穴老人曰：楊子言：狴犴使人多禮。又豈知囹圄使人戒殺乎？以東坡之大才，一旦遇難，輒以己諭雞，自後軫戒殺之念彌篤。況我等無才之人，未及於難，遽然有戒殺之念興，豈不善哉！狴犴，牢獄也。上邊迷切，下音岸。

東坡放生

蘇東坡自謂，竄逐海上，去死地稍近，必頗憂之。願學壽禪師放生，以證善果。敬以亡母蜀郡太君程氏遺留簪珥，盡買放生，以薦父母冥福。其子邁在東坡之側，見所買放生盈軒蔽地，或掉尾乞命，或悚翅哀鳴，邁憐悲其意，亟請放之。旁有侍妾名朝雲，見邁衣衿有蝡動，視之，乃蝨也。妾遽以指爪隕其命。東坡訓之，曰：「聖人言：近取諸身，遠取諸物。我今遠取諸物以放之，汝今近取諸身以殺之耶？」妾曰：「奈蝨我何？」東坡曰：「是汝氣體感召而生者，不可罪彼，要當捨而放之可也。今人殺害禽魚之命，是豈禽魚蝨人耶？」妾大悟，自後罕茹腥物，多食蔬菜而已。東坡舅氏諭之曰：「心即是佛，不在斷肉。」東坡曰：「不可作如是言。小人女子難感易流，幸其作如是相，有何不可。」蝡，音軟，細蟲動也。

黃魯直謂子瞻語

黃魯直謂子瞻曰：「鳥之將死，其鳴也哀。某適到市橋，見生鵪縶足在地，鳴叫不已，得非哀祈於我耶？」子瞻曰：「某昨日買十鳩，中有四活，即放之，餘者幸作一杯羹。今日吾家常膳，買魚數斤，以水養之。活者放而救渠命，殪者烹而悅我口。雖腥羶之慾，未能盡斷，且一時從權爾。」魯直曰：「吾兄從權之說，善哉！」魯直因作頌曰：「我肉衆生肉，名殊體不殊。元同一種性，只是別形軀。苦惱從他受，肥甘爲我須。莫教閻老到，自揣看何如。」子瞻聞斯語，愀然嘆曰：「我猶未免食肉，安知不逃閻老之責乎？」愀，七小切，驚恐變色也。

木石居士跋

丹穴老人授余《善誘文》一卷，喜不自勝，玩味無已。嘗怪乎童稚見果餌則喜，見書卷則惡。又怪乎羝羊見草則悦，見豹則戰。今之不樂爲善者，有如童稚之惡書卷也。一旦見閻王，又如羊之畏豹也，可不懼哉！吾儕在今日，要當窒嗜慾之好，節規利之私，則善在其中矣。東坡嘗以爲善悟空之語告魯直，其言曰：「雞鳴起爲善，蝶化夢歸空。」孟子言爲善，必與爲利並稱以垂誡，東坡言爲善，乃與歸空聯句以自警。未必孳孳爲善，東坡猶以爲空耳，況敢爲利爲惡乎？願假軻、軾之言警乎世，少助丹穴編施之萬一也。木石居士虞舜徒跋。

⊙蕭參撰

希通録

李國强 整理

點校説明

《希通録》一卷，蕭參撰。蕭參自號通岩居士，生活在宋寧宗嘉定時期，生平事蹟不詳。《希通録》，書名得自晉范寧之語，言讀書得理不易，所以希望通達。原書已不見，僅《説郛》中存有數條，其中如釋「籟」字，如辨秦始皇焚書坑儒事等等，都有一定的參考價值。

此次整理，以《説郛》（宛委山堂本）爲底本，校以《續百川學海》本，《説郛》（商務印書館本，簡稱「商務本」）。

序

書名曰：「希通者，蓋取范寧云：雖我之所是理未全當，安可以得當之難，而自絶於希通哉。」嘉定癸未，通岩居士識。

《晉語》胥臣對文公曰：「昔者太妊娠文王不變，少溲於豕牢【一】，而得文王不加疾焉。」韋氏云：「少，小也。溲，便也【二】。豕牢，厠也。不加疾，言易也。」設有是事，猶當翦焉，況於誣乎。老泉《帝嚳論》嘗闢吞卵等事爲庶幾。胥臣之言無稽甚矣。

雪山、祁連山、白山，其實天山。明帝擊破白山虜於蒲類海上。章懷註曰：「此山冬夏有雪，故曰白山。匈奴謂之天山【三】，過此皆下拜焉。」杜詩註：「天山即祁連山，在伊州，一名雪山。」其名雖四，其實則一。

「何彼襛矣，唐棣之華。曷不肅雝，王姬之車。」韋昭曰：「車，古皆音尺奢。及漢已來，始音居。」恐未必然。「莫赤匪狐，莫黑匪烏。惠而好我，攜手同車。」以此協韻考之，則古亦有居音矣。

東坡詩：「三郎官爵如泥土，爭唱弘農得寶歌。」註皆不載出處。《嬾真子録》嘗記開元中有劉朝霞獻俳文於明皇，云：「遮莫你古來五帝，怎如我今代三郎。」明皇兄弟六人，一人早亡，故明皇太子時，號五王宅。寧王、薛王，明皇兄也。申王、岐王，明皇弟也。

《荀子》：「仲尼之狀如蒙倛。」韓退之註：「四目爲方相，兩目爲倛。」楊倞註：「倛，

校勘記

【一】少溲於豕牢　「少溲」原作「沙瘦」，據商務本、《國語·晉語》改。

【二】少小也溲便也　「少」原作「瘦」，「溲」原作「沙」，據商務本改。

【三】匈奴謂之天山　「匈奴」原作「白山」，據《續百川學海》本、商務本改。

蒙茸。」按《子虛賦》：「蒙公先驅。」慎子云：「毛嬙、西施，天下之至姣也，衣之以皮倛，則見之者皆走也。」若是，則蒙倛爲二物，倛音欺，《韻略》無此字，有「魌」字，楊倞説非。

誓誥盟詛，切切然恐其下之不我信。至於假天地神明以誘之，亦甚費力矣。如堯、舜時，都俞吁咈四字，成就天下無限大事。二典、三謨，寂寥簡短。則知未施信於民而民信，信盛德不可及如此。

王元之《待漏院記》：「相君至止，煌煌火城。」按李肇《國史補》：「正旦曉漏院已前，三司使、大金吾皆以樺燭擁馬，謂之火城。」

《莊子》「天籟、地籟、人籟」，杜詩「陰壑生虛籟」注，並云：簫也。按《釋文》：三孔籥，大者謂之笙，小者謂之箹，其中謂之籟。籟者，乃管之中虛也，中虛然後有聲，所謂樂出虛是也。非直以爲簫。

佛名上加南無、南謨。按《韻祖》十虞韻内謨字注：胡人拜稱南謨，音無。因知佛，胡神也。胡人拜而并誦其號，故就録之。譯經者誤作南謨。

光武復南頓田租一歲，父老願復十年。帝曰：「天下重器常恐不任，安敢遠期十年乎？」吏民又言：「陛下實惜之，何言謙也。」帝大笑，復增一歲。此如家人父子相唯諾，足想當時中興之氣象。文叔少時與人不款曲，豈信然哉。

楊子祖述孟子文勢，極是。然楊子刻畫不若孟子渾然。

李斯曰：「非博士官所職，天下有敢藏《詩》、《書》、百家語者，皆詣中尉雜燒之。」則是天下之書雖焚，而博士官猶有存者，惜乎，入關收圖籍而不及此，竟爲楚人一炬耳，前輩嘗論之。但坑儒一事，未有究極之者。僕按史書，所坑特侯生、盧生四百六十餘人，非能盡坑天下儒者，爲其所坑又非儒者。何以知之？始皇三十二年，使盧生求羡門，刻碣石門，壞城郭，決通隄防。又盧生入海還，因奏録圖書曰：「亡秦者胡也。」始皇乃遣蒙恬發兵三十萬，北備匈奴，起臨洮，築遼水。又盧生説始皇曰：「日方中，人主時爲微行，以避惡鬼。惡鬼避，真人至，願上所居宮毋令人知，然後不死之藥始可得也。」其後建阿房宮，千間萬落，必自此言發之。觀此二事，皆盧生等稔其惡，又從臾之，特方技之流耳，豈所謂儒者哉？始皇因封禪之議，謗口紛紛，已懷殺意。及其一怒而坑之，或者天理之不容。方其求藥海上也，則挾童男童女以行，皆取於民間，奪其無告之孤。肆厥不軌之狀，如今所謂妖教，其中死無辜者多矣，此一罪也。因亡胡之讖，興北伐之師，築長城，斷地脈，南北生靈因是役而死者不可勝筭，骸積如山，血流成川，調發頻仍，剥及閭左，原始要終，誰生厲階，此二罪也。獻避鬼之術，覬真人之來，咸陽宮觀二百七十，複道相連，有言其所幸之處者罪死。梁山之上，其語一泄，時在旁者盡殺之，自是莫知上之所在，此三罪也。有一於此，罪不容於死，况兼有之？以四百六十餘人之坑，償萬民之命，良不爲過。天網恢恢，疏而不漏，真可畏哉。始皇曰：「盧生等，吾尊賜之甚厚，今乃誹謗我。諸生在咸陽者，吾使廉問，或爲妖言，以亂黔首。」於是使御史按問，諸生傳相告引。僕亦信盧生非吾儒中人，况始皇自謂尊賜甚厚，豈非如前三者，方術圖讖之類，有以中其欲歟？尊賜之初，不名其誦孔子之言以進。古今相承，皆曰「坑儒」，蓋惑於扶蘇之諫。扶蘇曰：「諸生皆誦法孔子，皇上皆重法繩之，臣恐天下不安。」嗚呼！若盧生者，何嘗誦法孔子？自扶蘇一言之誤，使儒者蒙不韙之名，自我一洗，亦萬世之快也。不然，如兩生、四皓、伏生之流，鴻飛冥冥，弋人何慕，肯摇唇鼓吻自投於陷穽哉。僕故曰盧生四百六十餘人，皆方伎之士也。天下之大，所謂儒者固不止此，其坑之者此而已矣。有道之士秦不能坑，火德一炎，兩生以講禮聞，四皓以羽翼之功聞，伏生以口授古書聞。豈非天壽其脈，留此數公以見吾儒不可磨滅，而明奸惡小人終不能爲常久計。商君以變法禍秦，竟遭車裂；盧生等以方技禍秦，坑於咸陽。其罪等也，天其或者假手於秦歟？商君裂矣，盧生坑矣，而秦以不祀，抑自相擠陷之明報，而禍淫之道爲不偏矣。僕甚惡坑儒之名，故論其顛末云。

項羽夜聞漢軍，四面皆楚歌，泣數行下，歌曰：「力拔山兮氣蓋世，時不利兮騅不逝。騅不逝兮可奈何，虞兮虞兮奈若何。」又《東坡志林》載：李後主去國之詞云：「三十餘年家國，數千里地山河，幾曾慣干戈。一旦歸爲臣虜，沈腰潘鬢消磨。最是倉皇辭廟日，教坊猶奏别離歌，揮淚對宮娥。」東坡謂後主當慟哭於九廟之下，謝其民而後行，顧乃揮淚對宮娥。其詞悽愴，同出一揆。然羽爲差勝，其悲歌慷慨，猶有喑嗚叱咤之氣，後主渾是養成兒女之態耳。如梁武帝稔侯景之禍，毒流江左，乃曰：「自我得之，自我失之，亦復何恨？」此説雖與二者不同，如窮兒呼盧，驟勝驟負，無所愛惜，特付之一擲耳。嗚呼！安得此亡國之言哉！

田文好賢下士，温公鄙之爲逋逃主、萃淵藪。王介甫亦謂雞鳴狗盜之出於門下，此士之所以不至。僕謂此不足責，有一事最無耻，請暴白之。《戰國策》：孟嘗君舍人有與君之夫人相愛者，或以聞孟嘗君，曰：「爲君舍人，内與夫人相愛，亦甚不義矣。君其殺之。」君曰：「睹貌而相悦者，人之情也，其措之勿言也。」世之君子尚以爲當時有一子思，不在三千之數，且田文志趣如此，而顧以此責之，過矣。就使其能以禮招聘，而子思且唾去不暇，詎肯以車魚之故而就之哉。《戰國策》言，非真有此事，亦惡之甚耳。

周亞夫細柳營，見文帝不拜而揖，人以爲耀軍威。要之，身擐甲胄，亦所不能拜。按《公羊》僖公三十三年，晉人及姜戎敗秦師于殽，百里子與蹇叔子送其子而戒之，子揖師而行。何休云：「揖其父於師中，介胄不拜，爲其拜如蹲。」音存。觀此則知亞夫之不拜有由矣。

《史記·始皇本紀》：至雲夢，浮江下，過丹陽，至錢唐，臨浙江，上會稽，立石刻頌秦德。《西漢·地理志》：會稽有錢唐縣。今人以唐爲塘，非也。其失本於《世説》。《世説》云：晉人有沈姓而令其縣者，將築塘，患土不給，詭曰：「致土一畚，以錢一畚易之。」

士既集，詭曰：「今不復須士矣。」人皆棄去，因取以築，故名。殊不知秦、漢以前已有此名，豈云晉而然乎？

本朝以居士稱者實繁，即孟子所謂處士也。六經中惟《禮記·玉藻》有曰：居士錦帶。注：道藝處士也。居士之稱昉乎此？

今人以寄居之官爲寓公。《禮記·郊特牲》諸侯不臣寓公。注：寄公之子。寄公字尤新。

《左傳》燭之武見秦伯曰：「若舍鄭以爲東道主。」《史記》鄭使謂秦穆曰：「君何不解鄭，得爲東道？」《後漢·彭寵傳》以一身從我，不如以一代爲北道主人。今世專以主人爲東道，古人各指其地之所向而言之。

今以宮奴爲官奴，即官婢。其字原於《周禮·天官·酒人》，奚三百人。注：今之侍史、官婢。

漢昌邑王賀清狂不惠。注：如今白癡也。僕謂以清狂對白癡，字亦新。後讀《左氏傳》成十八年，周兄無慧。蓋世所謂白癡。則知師古之注本於杜預，惠慧字異而意同。

杜牧之《息夫人廟詩》「至竟息亡緣底事，可憐金谷墮樓人」。至竟，畢竟也。詩人習用至竟字。按《後漢·樊英傳》論朝廷若待神明，至竟無他異。其餘史書未見用此字。

俚談以不可用爲不中用，自晉時已有此語。《左傳》成二年，郤子曰：「克於先大夫無能爲役。」杜預注：不中爲之役使。

今人多曰執券取償。按《史記·田敬仲世家》：蘇代謂田軫曰：「公常執左券，以責於秦、韓。」又《平原君傳》虞卿其兩權，事成，操右券以責。券者，取其合符之義，曰左曰右皆可。

俗斥年長者爲老物，實非惡語。人亦物也，故曰人物。况六經中已有之。《周禮·籥祭章》祭蜡，以息老物。

利市之説，世俗皆然。其實六經中已有此字。《易·説卦》巽爲利市三倍。

周邦彦樂府有《蘇幙遮》之曲。按《唐書·宋務光傳》，比見坊邑相率爲渾脱隊，駿馬胡服，名曰蘇幙。遮蓋本於此，今誤爲幙。

牻字音龐。出《羯鼓録》。嵇康《琴賦》云：「間遼故音庳，絃長故徽鳴。」庳者，牻也。兩絃之間遠，則有牻，故云。

◎吴　枋撰

宜齋野乘

李國强　整理

點校説明

《宜齋野乘》一卷，吴枋撰。吴枋字方木，號芙蓉城人，江蘇江陰人。生活在南宋寧宗時期。此書爲作者四十歲後的讀書心得，其中如《千字文字重複》、《孟子與孟嘗君同時》、《顔子非廿九歲死》等條，可見作者讀書的精細。惜乎原稿已被焚燬，不能得見全豹。

此次整理，以《顧氏文房小説》本爲底本，校以《百川學海》本、《叢書集成》本等。

序

枋自四十歲以來，榮念已絶，獨於嗜書一事，如饑之於食，渴之於飲，未嘗一日忘情也。嘗記周益公《二老雜誌》載陸務觀言，司馬温公聞新事即録于册，且記所言之人。近時鄱陽董草庭檢閲亦然。枋不免倣顰，凡耳之所聞，目之所見，口之所誦，心之所得，隨手鈔記，目曰《野乘》，已積成十餘卷。壬午歲夏五月，錢塘金波橋遭畢方之禍，延燎數萬家，儲書寄留癸辛街楊和王府，盡爲劫灰。七月巧夕，於里仁坊舊地作小樓二間，以庇風雨。至八月落成，始能追記一二鈔録之。白樂天與元微之書云：除讀書屬文外，其他懵然無知，乃至書畫棋博，可以接群居之歡者，一無通曉，即其愚拙可知矣。枋之才固萬萬不及樂天，嘗疑此語以爲予發，以此嗜書之心，牢不可破矣。雖然，不知後之人能爲傳一二耶，抑用之覆醬瓿也。甲申八月芙蓉城人吴枋書。

五帝非官天下

《説苑》載鮑白令之對始皇曰：天下官則讓賢，家則世繼，故曰五帝以天下爲官，三王以天下爲家。今觀《帝王世紀》云：黄帝次妃女節生少昊，則少昊乃黄帝子也。是傳位與子自黄帝始，而非起於夏禹。《家語·五帝德》及《書序》注、《史·顓帝紀》并《通曆》，皆云顓帝爲昌意子，則亦黄帝孫也，是少昊傳位於姪。《史記》、《家語》皆云帝嚳祖元囂，父蟜極。又《高辛紀》注、《書序》注與《帝王世紀》載嚳爲黄帝曾孫，則顓帝傳位與從姪。《大戴禮》并《史記》云帝嚳下妃生摯，則高辛又傳位於子。高辛次妃慶都生堯，則摯又傳位與弟。《史記》并《舜典》疏以舜爲黄帝八代孫，則堯傳位與五世姪孫。《前漢·律曆志》載顓帝五世生鯀，則舜傳位與六世祖之從兄弟。如是，則五帝亦可謂之家天下。今遡五帝之上而觀之，《禮記》注云女媧承伏羲，而《淮南子·覽冥訓》注古天子姓風，則亦伏羲之子孫也。《禮記》、《國語》皆云炎帝，少典之子。而《家語》與《史記》云黄帝，有熊國君少典之裔子，《國語》又云黄帝，炎帝之弟，則二君同是少典之子。以此而觀，家天下之制其來遠矣。

或曰：夏之十七君皆姓姒，商之三十君皆姓子，周之三十七君皆姓姬，非如五帝之異姓。曰：不然。五帝之時，世變不同，人各自爲一姓，故黄帝姓公孫，而少昊，黄帝子也，改姓己。顓帝亦黄帝孫也，乃姓姬。堯寄於伊長孺家，從母所居，故姓伊耆。舜生姚墟，故姓姚。稷契與堯同父兄弟也，而稷姓姬，契以簡狄吞玄鳥卵而生，故姓子。若以異姓而論，謂黄帝與少昊非父子，而堯與稷、契非同父之兄弟可乎？

或曰：家以傳子。今五帝獨黄帝、高辛傳位於子，少昊、顓帝皆與姪，而摯則與弟，蓋已非傳子矣。堯傳之曾姪孫，而舜又傳之同六世祖之從兄弟，服紀尤爲差遠。曰：不然。長子考監明既以罪死，而放齊固嘗薦次子朱啓明矣。堯未嘗不欲傳之子，奈何朱之不肖，不足以嗣位。堯則擇同宗之姪孫而授之，舜亦不敢遽然以爲君，而猶避朱於南河。舜亦未嘗不欲傳之子，奈何商均之不肖，不能以繼緒。舜則擇同宗之從兄弟而傳之，禹亦不敢冒然以爲君，猶避商均於陽城。堯、舜豈以異族而授之天下哉。

且如商之外丙傳弟仲壬，仲壬傳姪太甲，小甲傳弟雍己，祖辛傳弟沃甲，沃甲傳姪祖丁，祖丁傳堂弟南庚，南庚傳堂弟陽甲，祖庚傳弟祖甲，廩辛傳弟庚丁。而周懿王傳弟孝王，康王傳弟定王，則商、周亦有傳弟姪者。其後如漢惠帝傳弟文帝，昭帝傳姪孫宣帝，成帝傳姪哀帝，哀帝傳從弟平帝，東海殤帝傳堂兄安帝。若冲帝傳質帝，則同高祖之從兄弟。質帝傳桓帝，則又同五世祖之從姪，比之舜、禹，蓋無異也。且以祭法觀之，周則祖文而宗武，商則祖契而宗湯，夏則祖顓帝而宗禹，而舜則祖顓帝而宗堯。若舜爲異姓之國，奚必宗堯哉。蓋曰弟、曰姪、曰姪孫，既皆吾之族類，而謂之非家天下不可也。

過秦論誤

賈誼《過秦論》言：始皇吞二周而亡諸侯。按秦昭王五十一年滅西周，其後七年，莊襄王滅東周，四年，莊襄卒，始皇方即位。則吞二周乃始皇之曾祖與父，非始皇也。

先輩

唐世舉人呼已第者爲先輩，其自目則曰前進士。按魏文帝黄初五年立太學。初詣學者爲門人，滿歲試通一經，補弟子，滿二歲試通二經者，補文學掌故，不通經者，聽須後試。故後試稱先試而得第者爲先輩，由此也。前進士云者，亦放此，猶曰早得進士，而其輩行在先也。此皆《演繁露》載《通典》語。枋按《容齋續筆》載《貽子録》云：《同年小録》是雙隻先輩各一人，分寫宴上，長少分雙隻相向而坐，以東爲上覩，以西爲首。給、舍、員外、遺、補，多來突宴，東先輩不遷，而西先輩避位。又紹聖間，王聖塗《澠水燕談》云：蘇德詳，漢相禹珪之子，建隆四年進士第一人登第，初還鄉里，太守置宴以慶之，樂作，伶人致語曰：「昔年隨侍，嘗爲宰相郎君；今日登科，又是狀元先輩。」又司馬温公《勸學歌》云：「一朝雲路果然登，姓名亞等呼先輩。」詳味温公之言，則登雲路者方呼先輩。如今黄甲並呼狀元一般，先輩猶言前名也。又葛常之《丹陽集》云：小説載，優人有以李義山服藍縷之衣而出，或問曰：「先輩之衣何在？」曰：「爲館中諸學士撏將去矣。」人以爲笑。又王直方《詩話》云：蕭贯嘗夢至宫庭中賦詩，有一人曰：「先輩異日必貴。」又《春渚紀聞》載棊待詔劉仲甫聞祝不疑先輩名品高着，人傳今秋來試南省。若以二家所載觀之，則以先輩爲稱呼，决非前輩之比。又韋莊《浣花集》有《癸丑年下第獻新先輩》詩。又《墨客揮犀》言：「今人於榜下擇壻，號曰臠婿。有一新先輩少年，爲貴家所慕，欲以女妻之。」又彭應來有《賀新先輩二十八人及第》詩，結句云：「回頭應念差池者，重待陽和振羽毛。」言新先輩則爲狀元、爲前名明矣。若以爲長上先生，則安得加一新字，又曰少年。《摭言》載牛僧孺應舉時，韓愈、皇甫湜見之於青龍寺，稱牛爲即先輩。又田表聖錫《咸平集·與胡旦書》云：「秀才即先輩，乃即日可爲先輩也。」其義甚明。今人詩集中因見唐詩有先輩二字，不深考其故，皆誤作前輩。近時有稱道士爲先輩，尤可笑也。

千字文字重複

《千字文》有「女慕清潔」【一】，又有「紈扇圓潔」，重兩潔字。今宜改清潔爲清貞，庶不重複。

孟子與孟嘗君同時

或問：孟子與孟嘗君同時否？曰：同。周顯王三十三年乙酉，孟子見梁惠王，王有利國之問。慎靚王二年壬寅惠王薨，孟子去魏適齊。而齊宣之立在顯王三十七年己丑，其卒在赧王元年丁未，孟子是年去齊。赧王乃慎靚王之子，顯王之孫。方顯王四十八年庚子，齊薛公田嬰卒，其子文嗣爲薛公，號曰孟嘗君，能招致諸侯游士，名重天下。則田文之立在梁惠王未薨之前，而孟子適齊之時，田文已立二年矣。以《戰國策》考之，馮諼西遊於梁，說惠王聘孟嘗君，齊王聞而謝之。則與孟嘗君正同時也。曰：孟子既游於齊，而孟嘗君之食客數千人，有一亞聖之大才而不克置於賓客之列，何也？曰：太史公謂孟嘗君招致天下任俠姦人入薛中，則當時之客，皆非賢士可知。蓋孟嘗君非不欲招致孟子，而孟子决不屑就也【二】。一魯仲連尚不爲平原君留，則孟子安肯爲君之客哉。其後孟嘗君廢而賓客一日皆背去，此市井勢利之交，毋足怪者。君於此時不能自責其取士之垂謬，而

【一】女慕清潔　「清」，《千字文》作「貞」，此避宋仁宗趙禎諱。

【二】而孟子决不屑就也　「子」原作「不」，據叢書集成本改。

欲唾客之面，愚矣。

先子先君先人

今人稱先子、先君、先人爲父，然不獨父也，祖宗皆可。如曾西稱曾參，曰予先子之所畏也，則稱祖爲先子。子順曰吾先君之相魯也，則稱六世祖爲先君。孔安國曰先君孔子，又曰我先人用藏其家書於屋壁，則稱十一世祖爲先君，稱五世祖子襄爲先人也。

顔子非廿九歲死

《史記》云：顔子少孔子三十歲，年二十九蚤死，則是魯哀公二年也。按圍陳、蔡時，孔子年六十三，而顔子當是時年三十三矣。《論語》曰：從我於陳、蔡者，皆不及門也，德行顔淵。則顔子尚無恙。《史記》載圍陳、蔡後，使子貢至楚，昭王將以書社地七百里封孔子，令尹子西曰：「王之輔相，有如顔回者乎？」由是觀之，則顔子之未死，益信而有證，非二十九歲明矣。

畫野分州

黄帝時畫野分州，八家爲井，井一爲鄰，鄰三爲朋，朋三爲里，里五爲邑，邑十爲都，都十爲師，師十爲州。一州是百五十三萬家。

名不可稱

唐人多有稱人名者，詩中惟甚。今人學唐詩者多倣傚之，不知其不可。枋記李習之《答梁載言書》云：孟子曰「天下之達尊三，德、爵、年」，惡得有其一以慢其二？足下之書韋君詞，揚君潛，足下之德，與二君未知先後也。足下齒幼而位卑，而皆名之，《傳》曰：「吾見其與先生並行也。」觀習之之言，則當時亦以稱前輩名爲非。枋謂古者君稱臣名，父兄稱子弟名，師稱子弟名。《禮》疏云：名者，職賤之稱。仲尼於弟子外，不敢稱人名。曾子稱子夏之名，蓋因子夏稱無罪，怒而責之也。嘗考桓公四年夏，天王使伯糾來聘。注：禮，君於臣而不名者五：諸父兄不名，《詩》云王曰叔父是也。子大夫不名，祭伯是也。盛德之士不名，叔肸是也。老臣不名，幸渠伯糾是也。如桓二年及其大夫孔父。十七年蔡季自陳歸。莊三年紀季以酅入于齊。閔元年季子來歸。僖十六年公子季友卒。《公羊》曰：「何以不名，賢也？」閔二年齊與子來盟。《公羊》曰：「何以不名，喜之也？」又《白虎通》曰：王者，臣有不名者五：先王老臣不名，與先王戮力共治者尊而不名。《尚書》曰：咨爾伯，不言名也。不名者，貴賢者而已。故吕望、郭子儀俱稱尚父。管夷吾稱仲父，裴寂稱裴監。魏、晉以來，多有贊拜不名者，以人主之待臣子猶爾，况常人乎？

小人小生

小人二字，見於《左傳》。若小生，則《漢書·朱雲傳》小生欲相吏耶，《張禹傳》新學小生，皆是責人之語。若自稱小生，則始於唐韓退之與孟東野《寄孟幾道聯句》云：小生何足道？又《酬司馬盧四兄雲夫院長望秋作》云：嗟我小生值强伴。又呂和叔《渭海昏集序》云：不遠數千里，授簡小生。

狀元詞誤

今人唱「五百人中第一仙」，鷓鴣天詞，第二句便云「花如羅綺柳如綿」，最無意義，當是錯誤。分曉其詞，以第二句與第七句對換過【三】，義理方通。合云：「五百人中第一仙，等閑平步上青天。緑袍乍着君恩重，黄榜初開御墨鮮。龍作馬，玉爲鞭，花如羅綺柳如綿。時人莫訝登科早，自是嫦娥愛少年。」

【三】第七句對換過　「七」，原作「十」，據叢書集成本改。

◉趙 珙撰

蒙韃備録

李國强 整理

點校説明

《蒙韃備録》一卷，趙珙撰。舊題孟珙撰，誤。詳見王國維《蒙韃備録箋證》考證。寧宗嘉定時，賈涉爲淮東制置使，珙任都統司計議官。嘉定十三年（一二二〇），原金長清令嚴實求内附，珙奉命至京東，與實定約，嚴實遂舉魏、博、恩、德、懷、衛、開、相等州来歸。次年，又被遣往河北蒙古軍前議事，至燕見木華黎。

是書僅十四則，未爲全書，但爲今留存了蒙古開國事跡的記載。

此次整理以上海古籍出版社影印商務本《説郛》爲底本，校以《王國維遺書》中的《蒙韃備録箋證》（簡稱王本）及叢書集成本（據《古今説海》本排印）（簡稱叢書本）。

校勘記

【一】乃彼國十人之長也　「十」，原作「千」，據王本、叢書本改。

立國

韃靼始起，地處起丹之西北。其族出于沙陀别種，故于歷代無聞焉。其種有三，曰黑，曰白，曰生。所謂白韃靼者，顔貌稍細，爲人恭謹而孝，遇父母之喪，則剺其面而哭，嘗與之聯轡，每見貌不醜惡而腮面有刀痕者，問曰白韃靼否？曰然。凡掠中國子女，教成却强之與人交，言有情。今彼部族之後，其國乃韃主成吉思之公主必姬，權管國事。近者入聘與我宋，副使速不罕者，乃白韃靼也。每聯轡間，速不罕未嘗不以好語相陪奉慰勞，且曰辛苦，無管待千萬勿怪。所謂生韃靼者，甚貧且拙，且無能爲，但知乘馬隨衆而已。今成吉思皇帝及將相大臣，皆黑韃靼也。大抵韃人身不甚長大，最長者不過五尺二三，亦無肥厚者。其面皆横闊而上下促有顴骨，眼無上紋，髭鬚絶少，形狀頗醜。惟今韃主忒没真者，其身魁偉而廣顙長髯，人物雄壯，所以異也。成吉思，乃舊牌子頭結婁之子。牌子頭者，乃彼國十人之長也【一】。今爲創國之主，譯曰成吉思皇帝。東征西討，其国强大。

韃主始起

今成吉思皇帝者，甲戌生，彼國初無庚甲【二】。今考據其言而書之，易以見彼齒歲也。其俗每以草青爲一歲，人有問其歲，則曰幾草矣。亦嘗問彼生月日，笑而答曰初不知之，亦不能記其春與秋也。每見月圓而爲一月，每見草青遲遲，方知是年有閏月也。成吉思少被金人虜爲奴婢者十餘年方逃歸，所以盡知金國事宜。其人英勇果決，有度量，能容衆，敬天地，重信義。所傳忒没真者【三】，乃小名爾。初無姓氏，亦無名諱。近年以来，有女真叛亡之臣爲用，所以譯曰成吉思皇帝，或曰成吉思者，乃譯語天賜兩字也。

國號　年號

韃國所鄰，前有糺族，左右乃沙陀等諸部。舊有蒙古斯國，在金人僞天會間，亦嘗擾金虜爲患。金虜常與之戰，後乃多與金帛和之。按李諒《征蒙記》曰：蒙人嘗改元天興，自稱太祖元明皇帝。今韃人甚朴野，略無制度。珙常討究于彼，聞蒙已殘滅久矣。蓋北方之國，或方千里，或方百里，興衰起滅之不長【四】。今韃之始起，並無文書。凡發命令，遣使往来，止是刻指以記之。爲使者雖一字不敢增損，彼國俗也。其俗既朴，則有回鶻爲鄰，每于西河博易販賣于其國【五】，迄今文書中自用于他國者，皆用回鶻字，如中國笛譜

【二】彼國初無庚甲　「國」，王本、叢書本作「俗」。

【三】所傳忒没真者　「真」，原作「貞」，據王本、叢書本改。下同。

【四】興衰起滅之不長　「不長」，王本、叢書本作「無常」。

【五】每于西河博易販賣于其國　「西」，王本、叢書本作「兩」。

字也。今二年以来，因金國叛亡降附之人，無地容身，願爲彼國用【六】，始教之以文書。于金國往来，却用漢字。去年春，珙每見其所行文字，猶曰大朝，又稱年號曰兔兒年，龍兒年，自去年方改曰庚辰年，今曰辛巳年是也。又慕蒙爲雄國，故以國號曰大蒙古國，亦女真亡臣教之也。珙親見其權皇帝摩睺國王，每自稱曰我韃靼人。凡彼大臣元帥，皆自稱曰我。彼亦不知其爲蒙是何等名字，何爲國號，何爲年號。今所行文書，皆亡臣識字者强解事以教之耳。按《南遷録》載，韃有詔與金國，稱龍虎九年，非也。以愚觀之，更遲年歲，則金虜叛亡之臣，必教之撰其誕日以爲節，又必教之改年立號也矣。

太子諸王

成吉思皇帝兄弟凡四人成吉思居長。大皇弟久已陣亡。二皇弟名便古得那，見在國中。三皇弟名忒没葛真，所統多係自己人馬，善戰有功。成吉思有子甚多。長子比因破金國，攻打西京雲中時陣亡。今第二子却爲大太子，名約直。三太子名阿戴。四太子名天婁，五太子名龍孫。皆正宮所生。其下又有十數人，乃庶生也。女七人。長公主曰阿真鱉拽，今嫁豹突駙馬。二公主曰阿里黑百因，俗曰必姬夫人，曾嫁金國亡臣白四部，死，寡居，今領白韃靼國事，日逐看經，有婦女数千人事之，凡征伐斬殺皆自己出。三公主曰阿五，嫁尚書令國舅之子，餘未知名【七】，孫男甚衆。

【六】願爲彼國用　王本、叢書本無「國」字。

【七】餘未知名　「名」字原脱，據王本、叢書本補。

諸將功臣

元勳乃彼太師國王没黑助者【八】，小名也，中國人呼曰摩睺羅，彼詔誥則曰謀合理，南北之音輕重所訛也。見，封天下兵馬大元帥，行省太師國王。乃黑韃靼人，十年以来東征西討，威震夷夏，征伐大事，皆決于己，故曰權皇帝。衣服制度，全用天子禮。有兄曰計里歌那，自有千騎，不任事。弟二人，長曰抹歌，見在成吉思處爲護衛。次曰帶孫歸王，每隨侍焉。國王每戒所部將士，如己兄弟只以小名稱之，不許呼他。國王止有一子，名袍阿，美容儀，不肯剃婆焦，只裹巾帽，着窄服，能諸國語。其次曰兔花兒，太傅國公，聲名亞于摩睺羅。又有鵰博者，官亦穹，見隨成吉思皇后之弟部下掌重兵【九】。又其次曰按赤那邪，見封尚書令，乃成吉思正后之弟。部下亦有騎軍十餘萬，所統之人頗循法。韃人自言隨國王者皆惡，隨尚書令者皆善也。其次曰劉伯林者，乃燕地雲内州人。先爲金人統兵頭目，奔降韃主，有子甚勇，而韃主忒没真長子戰死，遂將長子之妃嫁伯林之子。同韃人破燕京等處，甚有功。伯林昨已封王，近退閒于家。其子見爲西京留守【一〇】。又其次曰大葛相公，乃紀家人，見爲留守燕京。次曰劄八者，乃回鶻人，已老，亦在燕京同任事。燕京等處有紙蟬兒元帥、史元帥、劉元帥等甚衆，各有軍馬，皆聽摩睺羅國王命令。

【八】元勳乃彼太師國王没黑助者　「助」王本作「肋」。

【九】見隨成吉思皇后之弟部下掌重兵　「皇后之弟部下」，王本、叢書本無。

【一〇】其子見爲西京留守　「京」下原衍一「府」字，據王本、叢書本删。

任相

首相脱合太師者，乃兔花太傅之兄，元女真人，極狡獪，兄弟皆歸韃主爲將相。其次韃人宰相乃卒埒脱合。又有女真人七金宰相。餘者未知名，率皆女真亡臣。向所傳有白儉李藻者爲相，今止見一處有所題，曰白倫提兵至此，今亦不知存亡。燕京見有移剌晉卿者，契丹人，登第見爲内翰掌文書。又有楊彪者，爲吏部尚書。楊藻者，爲彼北京留守。珙所見國王之前，有左右司二郎中，使人到則二人通譯其言語，乃金人舊太守，女真人也。

軍政

韃人生長于鞍馬間，人自習戰。自春徂冬，旦旦逐獵，乃其生涯。故無步卒，悉是騎軍。起兵数十萬，略無文書，自元帥至千户、百户、牌子頭，傳令而行。凡攻大城，先擊小郡，掠其人民，以供驅使。乃下令曰：每一騎兵，必欲掠十人。人足備，則每名需艸或柴薪或土石若干，晝夜迫逐，緩者殺之。迫逐填塞其壕塹立平。或供鵝洞砲座等用，不惜数萬人。以此攻城壁無不破者。其城一破【一一】，不問老幼、妍醜、貧富、逆順皆誅之，略不少恕。凡諸臨敵不用命者，雖貴必誅。凡破城守有所得，則以分数均之。自上及下，雖多寡每留一分，爲成吉思皇帝獻，餘物則敷俵有差。宰相等在于沙漠不臨戎者【一二】，亦有

【一一】其城一破　王本、叢書本作「城破」。

【一二】宰相等在于沙漠不臨戎者　「沙」，叢書本同，王本作「朔」。

其数焉。凡有征伐謀議，先定于三四月間，行于諸國。又于重五宴會，共議今秋所向，各歸其國避暑牧養。至八月一日【一三】，咸集于燕都而後啓行。

馬政

韃國地豐水草，宜羊馬。其馬初生一二年，即于草地苦騎而教之，却養三年，而後再乘騎。故教其初是以不蹄齧也。千百成羣，寂無嘶鳴，下馬不用控繫，亦不走逸，性甚良善。日間未嘗芻秣，惟至夜方始牧放之，隨其屮之青枯野牧之，至曉搭鞍乘騎，並未始與豆粟之類。凡出師，人有数馬，日輪一騎乘之，故馬不困弊。

糧食

韃人地饒水草，宜羊馬。其爲生涯，止是飲馬乳以塞飢渴。凡一牝馬之乳，可飽三人。出入止飲馬乳，或宰羊爲糧。故彼國中，有一馬者必有六七羊，謂如有百馬者必有六七百羊羣也。如出征于中國，食羊盡則射兔鹿野豕爲食，故屯数十萬之師，不舉煙火。近年以来，掠中國之人爲奴婢，必米食而後飽，故乃掠米麥。而于劄寨處，亦煮粥而食。彼國亦有一二處黑黍米，彼亦解煮粥。

【一三】至八月一日 「一日」，王本、叢書本無。

征伐

韃人在本國時，金虜大定間，燕京及契丹地有謡言云：韃靼来，韃靼去，趕得官家没去處【一四】。葛酋雄宛轉聞之【一五】，驚曰：必是韃人爲我國患。乃下令，極于窮荒出兵勦之。每三歲遣兵向北勦殺，謂之滅丁。迄今中原人盡能記之曰：二十年前，山東河北誰家不買韃人爲小奴婢，皆諸軍掠来者。今韃人大臣當時多有虜掠住于金國者，且其國每歲朝貢則于塞外受其禮幣而遣之，亦不令至燕京【一六】。韃人逃遁沙漠，怨入骨髓。至僞章宗立，明昌年間不令殺戮，以是韃人稍稍還本國，添丁長育。章宗又以爲患，乃築新長城在靜州之北，以唐古糺人戍之。酋首因唐古糺叛，連結即刺都糺、木典糺、咩糺、後典糺等俱叛。金人發兵平之，糺人散走，投于韃人。且回鶻有田姓者，饒于財，商販巨萬，往来于山東、河北。具言民物繁庶，與糺同説韃人治兵入寇。忒没真忿其欺凌，以此犯邊，邊州悉敗死。長驅犯燕，虜謂韃人曰：我國如海，汝國如一掬沙，豈能動摇？韃人至今老幼皆能記此語。虜君臣因其陷西京，始大驚恐，乃竭國中精鋭，以忽殺虎元帥統馬步五十萬迎擊之，虜大敗。又再刷山東、河北等處，及隨駕護衛等人馬三十萬，令高琪爲大元帥，再敗。是以韃人迫于燕京城下。是戰也，罄金虜百年兵力，消折潰散殆盡，其國遂衰。後来凡圍河北、山東、燕北諸州等處，虜皆不敢攖其鋒。

【一四】趕得官家没去處　「趕」，原作「起」，據王本、叢書本改。

【一五】葛酋雄宛轉聞之　「雄」，王本、叢書本作「雍」。

【一六】亦不令至燕京　「至燕京」，王本、叢書本作「入境」。

官制

韃人襲金虜之俗，亦置領録尚書令、左右相、左右平章等官，亦置大元帥等職，所佩金牌，第一等貴臣，帶兩虎相向曰虎鬭金牌，用漢字曰天賜成吉思皇帝聖旨，當便宜行事。其次素金牌，曰天賜成吉思皇帝聖旨疾。又其次乃銀牌，文與前同。如成吉思亦行詔敕等書，皆金虜叛臣教之。遣發臨民者四【一七】，曰宣差。逐州守臣，皆曰節使。今在于左右帶弓矢執侍驍勇者，曰護衛。

風俗

韃人賤老而喜壯，其俗無私鬭爭。正月一日必拜天，重午亦然。此乃久住燕地，襲金人遺制。飲宴爲樂也。摩睺國王每征伐来歸，諸夫人連日各爲主禮，具酒饌飲燕，在下者亦然。其俗多不洗手，而每拿攫魚肉，手有脂膩，則拭之衣袍上。其衣至損不解浣濯。婦人往往以黄粉塗額，亦漢舊粧傳襲，迄今不改也。上至成吉思，下及國人，皆剃婆焦，如中國小兒留三搭頭在顖門者。稍長則剪之。在兩下者總小角，垂于肩上。

【一七】臨民者四　「四」，王本無。

軍裝器械

成吉思之儀衛，建大純白旗以爲識認，外此並無他旌幢。惟傘亦用紅黄爲之。所坐乃金裹龍頭胡床，國王者間有用銀處，以此爲别。其鞍馬帶上亦以黄金盤龍爲飾，國王亦然。今國王止建一白旗，九尾，中有黑月，出師則張之。其下必元帥方有一旗，國王止有一鼓，臨陣則用之。鞍橋以木爲之，極輕巧。弓必一石以上，箭用沙柳爲笴，手刀甚輕薄而彎。

奉使

彼奉使曰宣差，自皇帝或國王處来者。所過州縣，及管兵頭目處，悉来尊敬。不問官之高卑，皆分庭抗禮，穿戟門，坐于州郡設廳之上。太守親跪以効勤，宿于黄堂廳事之内，鼓吹旗幟妓樂，郊外送迎之。凡見馬則换易，並一行人從，悉可换馬，謂之乘鋪馬，亦古乘傳之意。近使臣到彼國王處，凡相見禮文甚簡，言辭甚直，且曰你大宋好皇帝，好宰相。大抵其性淳朴，有太古風。可恨金虜叛亡之臣教之【一八】，今乃鑿混沌，破彼天真，教以姦計，爲可惡也。

【一八】可恨金虜叛亡之臣教之　「教之」二字原脱，據王本、叢書本補。

祭祀

凡占卜吉凶，進退殺伐，每用羊骨扇，以鐵椎火椎之，看其兆坼，以決大事，類龜卜也。凡飲酒先酹之。其俗最敬天地，每事必稱天，聞雷聲則恐懼不敢行師，曰天叫也。

婦人

其俗出師，不以貴賤，多帶妻孥而行，自云用以管行李衣服錢物之類。其婦人專管張立氈帳，收卸鞍馬輜重車馱等物事，極能走馬，所衣如中國道服之類。凡諸酋之妻，則有顧姑冠，用鐵絲結成，形如竹夫人，長三尺許，用紅青錦繡，或珠金飾之【一九】。其上又有杖一枝，用紅青絨飾之。又有大袖衣，如中國鶴氅，寬長曳地，行則兩女奴拽之。男女雜坐，更相酬勸不禁。北人使于彼國【二〇】，王者相見了，即命之以酒，同彼妻賴蠻公主及諸侍姬稱夫人者八人，皆共坐。凡諸飲宴無不同席。所謂諸姬，皆燦白美色四人，乃金虜貴嬪之類。餘四人乃韃人。内四夫人者，甚姝麗，最有寵，皆胡服胡帽而已。

燕聚舞樂

國王出師，亦以女樂隨行，率十七八美女，極慧黠。多以十四絃等彈大官樂等曲，拍

【一九】或珠金飾之　「之」字原脱，據王本、叢書本補。

【二〇】北人使于彼國　王本、叢書本作「北使入於彼國」。

手爲節甚低，其舞甚異。韃人之俗，主人執盤盞以勸客，客飲若少留涓滴，則主人者更不接盞，見人飲盡乃喜。如彼擊鞠，止是二十来騎，不肯多用馬者，亦惡其鬨鬧也。擊罷，遣介来請我使人至彼，乃曰今日打毬，如何不来？答曰：不聞鈞旨相請，故不敢来。國王乃曰：你来我國中，便是一家人，凡有宴聚打毬，或打圍出獵，爾便来同戲，如何又要有人来請唤？因大笑而罰六盃，終日必大醉而罷。且每飲酒，其俗鄰坐更相嘗换，若以一手執盃，是令我嘗一口，彼方敢飲。若以兩手執盃，乃彼與我换盃，我當盡飲彼酒，却酌酒以酬之，以此易醉。凡見外客醉中喧鬨失禮，或吐或卧，則大喜曰：客醉，則與我一心無異也。我使人相辭之日，國王戒伴使曰：凡好城子多住幾日，有好酒與吃，好茶與吃，好笛兒鼓兒吹着打着。所説好城子，乃好州縣也。

◉趙與褰撰

辛巳泣蘄録

李國强　整理

點校説明

《辛巳泣蘄録》一卷，趙與褰撰。趙與褰，生卒年不詳，宋宗室，官蘄州司理參軍，權通判事。寧宗嘉定十四年（一二二一），金兵圍蘄州，與褰偕郡守李誠之等拒守，捍禦凡二十五日而城陷。李誠之及其僚佐家屬皆死亡，趙與褰全家十五人亦並歿於難，僅以身免。事後至朝廷泣訴，乃爲是録，具詳被兵始末，具有較高的史料價值。

此次整理，以復旦大學圖書館藏清抄本爲底本，校以北京圖書館藏明抄本、叢書集成本等。

嘉定十有四年，歲在辛巳二月九日，蘄州得隨州太守許都統國初三日牒，云：有探報人申金賊已聚人馬在息州，意欲擁衆一道渡河打擄。時聞大金見欠三月糧草，諸軍只給十日口食。前来我界，宜多方措置以爲提防之計。

初十日，得張都統常、王都統辛報，與許隨州所報一同。本州得報之後，人皆曰：「虜未必深入。」是日太守李國録誠之、通判秦鉅會屬官集議于安民堂，出示諸處報牒。太守語寮屬曰：「五關可恃否？」教授阮希甫曰：「或者之議爲不可恃，似聞尚有私小路槎塞不盡。」與褒曰：「虜人多不由關隘，亦不特有私小路而已，但有山脚可登之處，彼盡能擁騎而上。」知縣林棨曰：「是如此。」又云：「關内有取德安府從黄陂一路，自可長驅，使虜知之，亦不由關隘而進矣。」倅車曰：「何慮，只五關決然可恃，内郡可以卧治。」太守笑曰：「且看。」秦倅又曰：「宜速差人前去硬探，仍多支錢與其去，庶幾着心。」太守曰：「然。」

十一日，差兵士朱椿等七名硬探，每名支銅錢會十千。

十二日，使府帖防城庫排鑿弓弩箭應□軍器。是時與褒提督防城庫，躬下庫點檢，共差兵士五十人入庫内點檢，得弓箭有七十萬，弩箭有三十五萬有奇。是日，差弓匠打硾弓刀，又點檢得有划車弩八十五座，箭約五萬隻。當申州添差。

其日，亦准制司催造紙兜鍪一千副。本州實自去年十一月造，至二月十五日造此數。

十三日，使帖行下防城庫點鉄甲，大小共有五百副，兜鍪五百二十副，長鎗五百條，麻劄一百五十柄。是日分俵上城戰楼内安頓，以備不測。

是日，委四門官兵緝捉奸細。

十四日，州牒差濠寨吉亨、劉成就五通廟内添造五梢砲五座，旋風砲五十座。又牒催造木弩五百張。

同日，教授阮希甫狀申，集在學射士二百二十人，乞支給弓箭。是日，出弓箭五萬二千隻以給射士，上城准備策應。

十五日，探報申：虜賊初九日已渡河，大約人馬數多，時守、倅、知縣俱出廣教寺勸農。未幾，間衙探報知府喫酒不了，就呼專行司手分牒安慶府及申制置司，催會合逆遏，仍備憲司牒下諸縣，催發民兵上關捍禦。太守歸州治，遣虞兵傳語府判諸寮屬官請議事，有言：「虜賊已渡淮河，我不可不爲備。應同官有能諳曉守城事務者，各竭智獻謀，以預爲之備，無待臨時。」阮教授拉與褏與、林知縣、甯主簿進禀曰：「希甫輩無過一書生耳。若有大軍在此屯駐，相與運籌。如鞍馬一事，却非素習。」太守笑曰：「吾輩何事鞍馬，只要相與畫策。」太守又曰：「嚴監轄剛中曾守盱眙，蚤知守城之策【二】。」又云：「蘄水董尉每每見其弓馬自矜。」府教授阮希甫答曰：「董乃名將之後，必熟陣伍之事，且本州素無重兵，萬一虜賊衝突而至，誰充主將調遣？若申制司，何能便到眼前此？尤利害之急？」於是太守檄二公入州，同共措置邊防事。太守又曰：「誠之知郢之日，寇犯隨州，亦嘗措置邊防，粗知其略。彼恃衆人先有守死之義。今守蘄春三載，兩遇寇至，頭顱七十書生輩，已兩任邊守，有何不得？正當駸駸入土之年，所欠惟一死耳。他無所戀，况誠之屢有丐祠之請，亦只是求一死所。萬一寇至，只得與同官死守。」

十六日，本州牒黃梅廣濟縣，各起兵一半上州捍禦。

同日，王太尉辛報，十三日，虜蟻聚關下，除已將帶人馬前去迎敵外，牒州嚴作隄備。

十七日，有十一日所差硬探朱椿回申，十四日，黃土等關已爲賊虜所破。聞諸關失守，萬弩手與張常等軍已潰散至麻城。

同日，准提刑司十三日牒，催蘄水蘄春民兵上關守禦。是日，諸縣亦節次發到民兵，即便起發上關。

同日，申樞密院與諸司，催援兵策應黃州。日午，同官過廳，倅車偶與同官云：「今日遣承局飛馬通相君書，力乞援兵，及言蘄城利便事，已約三月十二間到。後來又得相君書報云及利便，深見拳拳體國之誠。」貳車到郡之初，亦嘗語太守與同官曰：「吾蘄春爲

【二】蚤知守城之策　「蚤」，明抄本作「必」。

内地，常宜多方措置備禦之具。」又云：「有備無患，如修城聚糧，團結民兵，招填廂禁軍亦不可不留意。每旬教閲市兵，宜放房地等錢。蓋市兵教閲一日，則一日營生俱廢。官司既無所給，若免其房地錢，庶幾補其一日之勞。」太守亦然倅車之請。自此立以爲例。

同日，遞鋪遞到兼黄州僉廳廣濟張簿震發十六日午時書報，云：「前日劄探所報，虜賊此來，皆不持粮，其意必在速戰。今光州申到，一面關聚義甲入城，想是自見其頭重，故爲閉門不出之計。虜既無糧，必不頓突堅城之下，其勢只是推擁衆直犯關隘。關上人數不爲不多，但未保其皆能死守。提刑見此辦行，親自上關督戰，在使州亦湏爲守城之備。欲乞差謹信得托人來此劄探。」

同日，出弩火藥箭七千隻，弓火葯箭一萬隻，蒺蔾火砲三千隻，皮大砲二萬隻，分五十三座戰楼，准備不測。又給木桿鉄鎗一千條，帋兜牟軟纏五百副，俵散上城守禦軍民。并發鉄菱角三十籮，下城鋪撒，以防金兵衝突。

十八日，准提刑司十七日牒報，虜賊已抵麻城。

同日未時，李國録先生回廣濟張簿震發書云：「誠之昨日遞中辱書，乃十六日午時備患，不持糧之説，随州報来甚詳，想必是如此。但光州既爲虜人牽制，閉門不敢出。今堂堂而来，據報探人節節報来，皆言虜已打破關，在關裡劄寨。今犇避百姓源源不絶，聞關上民兵皆潰散，大軍亦潰者，果然否？張軍帥今在何許？更不見消息。憲使督戰之説甚好，但不知遏得住否？此間無一可靠，民兵已發一半，羅田又不可抽起，今只有蘄春民兵一千人，與廂禁軍又無人可使，殊爲可憂。今只得多鳩集招收，急爲區處，有所聞望，時時見報。昨日已遣人往黄州抄劄動息，不知曾申制司求援否？彼中若無兵，自可急遣来此協力。倉卒不暇作字，幸台照。」

至晚，得廣濟陳知縣允迪所録張簿之書，大抵與十七日書一同。

是日，秦倅會同官，偶云：「去年六月之官【二】，道由四祖，以長學生未得歸侍，嘗許水陸一會，約今歲勸耕日親詣山還寨。既聞虜已過淮，不及親往，若遣小學生去，今恐或者謂鉅托名遣子先遁，未免且止。令吏人葉茂往代拜，鉅且留此與諸同官熟議守城之策。」

是日，太守與同官皆着緑布袍乘騎出入，獨秦倅着白布袍。至午，守倅而下各上城，及下防城庫點檢防城器具，又委司法趙善腆團結市兵。

是日，蘄水董尉至，言尉司差人硬探，聞金人已到麻城。蘄水縣官擬欲移治，太守答曰：「蘄水既無城壁，不應使縣官徒手向前，且看事勢如何？却又區處。」又言：「近淮憲司差委戡前去點檢諸關，令録守關人數，便見無人可守。如黄土關只有百五十人。白沙關有三百人。大城關有百七十人。脩善關有二百五十人【三】。本陡關有九十人【四】。關之相去，有百五十里，或七十里，或百里者。歷説五關之不可守，又况首尾之不相應

【二】去年六月之官　「六」，明抄本作「二」。

【三】脩善關有二百五十人　「善」，明抄本作「繕」。

【四】本陡關有九十人　「本」，明抄本作「木」。

耶？」又曰：「戢之奔馳勞瘁異常，點關之時，虜已渡河。昨晚方奔走到家，尚未與官長言五關之事。被檄此来，就挈妻孥已抵郡矣。」李亦不暇問，曰：「仕宦於蘄，安知有此等事。」

同日，監轄嚴剛中繼被檄至，使帖委同充守禦局官，亦有利害數事，失記其實。與褒曰：「蘄州城池四門，皆無所慮。獨有師姑潭一壩，虜人一至，必来窺伺，何故？外河乃是沙溪，大雨之来，水漲，兵不可渡。雨退，無過一二尺水，是人可涉。」李守曰：「此處誠之亦正慮此。續後選得諳曉人陳興、江士旺等專一措置堵禦。

十九日，探報人申，十七日虜分兵到團風。十八日晚番人已圍黄州。同日虜賊回退。已報大隊前来，宜急守城壁。於是太守亟告僚屬分管地方，遂拽吊橋，關閉城門。

同日，有張常守關兵將潰散前来，獨有承信郎統領江士旺、將官陳興、沈祚將帶一百三十人入城，情願乞守城壁。太守云：「既是潰兵，此豈足托？」倅車與與褒同禀太守曰：「關隘獨有一門，軍兵力单弱，寡不敵衆，無怪其潰。今我衆雖寡，幸有城壁，金在危，我處甚安，正要此輩共與堅守。彼之奔，主將之罪已不可恕，今能爲我守城，他日功過可以相補。」太守然其請。于是分布諸隅，各給以生券，戒以守隅。

盡俯首聽命願以死報

同日，廂禁軍民士兵各日支錢二百文，米二升半。太守親詣城撫諭，不拘上下，應守城人每名各犒銅會一貫，酒一升。至晚發嚴守城人，唱連珠喏整齊，氣象甚壯。倅車曰：「守城人聲勢整齊如此，金賊知吾守城有人，疑惑未必敢進。府教授阮希甫曰：「賊如何敢便輕易到城下，且遣人視我城，然後敢進。」

二十日，安四門砲座，司法趙善腆抽市之单丁者六百人，分拽砲索。司法申，乞照市兵例人給米二升，錢二百，太守是其申。

同日，添委江州統領江士旺專一守西北團楼，添將官陳興同教授阮希甫守南門，添將官沈祚同知縣林棨守北門，添訓練官陳信守西門團楼，知府李國録帖委安豐軍民，統領官孫中充都彈壓守城人兵。

是日，亦准制置司劄子行下，取出孫中一行十五人守城。孫中時因安豐汪倅措拾借兑生券錢事，送本州根勘。江士旺領兵百餘人，斫鹿角木槎塞西北團楼下，師姑潭壩上，及于西北楼下釘絆馬樁，人工未就。

是日，望楼子陳富報，虜賊已擁衆至西門外，廣教寺山、望城崗山腰劄寨数百處，耀旗俯視我城壁，牧馬二千餘匹於山下，但州城尚隔河，未敢近。是夜，金賊約有二千餘寨，每寨燒火一堆，映照城中。列炬不可勝計，擺狗鋪，其聲如狗。

都監張武翼廣守北門。 監押温保義玉守西門。 監務梅成忠督守南門。 判官趙迪功汝標充錢粮官。 監嘉興府新城酒税姜成忠應春充防城庫受給官。監廟秦武德安工、進武副尉林安仁、進武校尉王明、進武校尉吴宗政、指使鄭保義俊充東隅戰楼守禦官。進武校尉王大明、監廟劉保義忱、指使錢成忠廣充北隅戰楼守禦官。三湖巡檢雍、承信郎顯新、宿松主簿梅、迪功必勝、監廟陳成忠師問充西隅戰楼守禦官。巡檢李鈞充帳前佩印官。

同日，委守禦官已下籃篦籬牌。本州九里三十六步之城，共一千三百女頭，率廂禁軍民兵市兵共有七百人，每人管女頭兩座。

同日，牒廣濟黄梅縣民兵四百人入城守禦，餘各留縣保護鄉井。

晚報，新兵已至分流鋪田家山。諸鋪已捲，遞角不通，約金人有馬騎三十餘匹，步軍三百餘人。守倅語諸寮曰：「金兵不多，宜遣兵以遏其来路。」于是抽守禦統領官李浩立白旗於州門，如願前去迎敵虜賊者，立于旗下，當與厚賞。如生擒頭目，賞錢一千貫。給承信郎公據一道，事定奏功。斫到首級及奪到軍器，錢一百貫，賞官三資。人給以軟纏一副，随其武藝給以弓箭、鎗刀、長斧。一日之間，有禁軍一百人，民市兵二百人，茶商弓手會等五十人，願效死戰。每人給官會五千，乾粮一袋，與衮親自監散，各先喝官三資，以激其勇。人心奮發願行。

二十一日，太守委監轄嚴剛中、借補迪功郎戴栩充督戰官，進勇副尉李浩充統領，進義校尉王文明、進義校尉鄧宗充正將。是日早出軍迎敵，至横槎橋十里，迎見虜之遊騎約三百餘人。正將鄧宗、教頭張富等爲先鋒，直入虜陣。自辰時鏖戰至午，虜見我軍勇衆難支，奔走退遁。我軍追襲，殺死番軍数十人，生奪到驢一頭，皮甲數副，弓箭鎗刀等。張富等一十三人傷重，死于陣前。監轄嚴剛中抽回人馬入城，急報太守。

同日，本州守倅差洪春十人爲硬探，各支官會十道，通判犒添賞錢二十貫省。至晚，兩名先回報，賊已至蘄水。是日，阮教授上守城利害十事，並失記其實。

二十二日，洪春申自蘄水来，云：虜賊十七日燒上巴河。十八日，金見在下巴河【五】。又申十九日至蘄水，望見先燒神光觀【六】。二十日，燒蘄水縣。是日，上下巴河百姓擁併奔竄，携孥挟子入本州城，哭聲震天。

同日早，李國録先生再與張簿書云：「聞虜賊打破關隘，官軍既皆潰散，張軍帥亦不知所在，或言重傷，不知果何如？聞已被遊騎燒了團風，黄州已燒城外屋宇，事勢急迫，如此奈何？最是上巴河路擺鋪，不通消息，隔絶奈何？不知憲使有何處置？更不暇作書。又不知麻城今何如？所傳皆不一，千萬速報。前所遣人，乃不即往，今再遣人，往抄録所報事宜。草草布此，幸台照。」

【五】金見在下巴河　「見」，明抄本作「已」。

【六】望見先燒神光觀　明抄本「見」下有「虜賊」二字。

同日，造大麻搭五百四十副，竹唧筒一千一百副，分五十四座戰楼准備。又埋金汁鍋百二十隻于四隅，及五隅官排門率百姓水缸二百隻，上城貯水，以防不測。

至晚，有蘄春管下董應能、徐彬、徐杞、黄思明等團結義甲二千人于北門外防扎。彼時惜無人充主將與之調發應敵，後来四城被虜圍閉，錢米不給，終爲虜賊擁衆衝散。

同日，太守李國録誠之、通判秦朝請鉅置將軍帳于西門袁學録家，此處督戰近城。充本州都統轄民兵事兼淮西制置司僉廳行司公事督戰軍馬趙與褒置軍帳于袁學録後園亭子，此處近受敵。西門提督民市兵趙司法善腆、教授阮希甫、江州統領陳興充南隅守禦官。蘄春知縣林忠翊棨、新鄂州武昌酒税安忠訓元恭、蘄州蘄水縣尉董忠翊戡充北隅守禦官。　蘄口監轄嚴承直剛中、主簿甯迪功時鳳、監廟趙保義汝寄充東隅守禦官。　安豐軍統領官孫中、訓練官曹全、本州監廟李俊充西隅守禦官。　都監趙脩武師瑄、守東門駐泊張武翼廣連接巡邏徹曉。是夜，諸隅守禦官各宿城上。

二十三日，本州西門方始清野。時北門守禦林知縣棨申【七】，有青山鄉學生董應能、總首徐彬等捕獲奸細盧四名立供，原係壽州下蔡縣人氏，自嘉定二年招安過淮，分居蘄州新寨【八】，有頭目人張奇八郎常令我與其家張二、張三、韓四、王小乙等歸北界報信，每一次歸去，做草鞋一担，歸大金界貨賣，每月仍舊在蘄州冒請錢米，盡是張奇收管。盧四仍舊往番界歸德府居住，種田爲活。今年正月，蒙王萬户差人前来喚盧四等爲鄉道官。初

【七】時北門守禦林知縣棨申　「禦」原作「潔」，據明抄本、叢書集成本改。

【八】分居蘄州新寨　「寨」字原脱，據明抄本、叢書集成本補。

九日，盧四等同大隊人馬渡淮前来打擄，要打麻城，迤邐至蘄黄等州，已先令張二、韓四于二十一日從東門浮橋入城，與張奇八郎相約，二十四日於新寨放火爲號，與左監軍等内外相應，從西北團楼打入城中。阮教授出示教諭洪樞子師，所説又詳。與褎與阮教授曰：「急稟知守倅、太守聞知。急帖四兵官與緝捕多方搜捉。令奸細已入在城内，萬一尋不着，何以爲策？」是夜数處火發，随即撲滅。又引示總首洪樞勒盧四再供韓四、張三面貌、長短、衣服、色號及年甲，方得端的。阮教授曰：「既得其實，萬一解来，爲虜所奪，其爲害不淺。不如就委洪樞梟其首級前来，令衆無過一斬矣。」本州雖知奸細分明，終日不獲。與褎又與阮教授設謀，請司法趙善腆密唤頭目人張奇具歸正姓名，誘以守城之事。其奸細三名者，皆在張奇所具之数。與褎又語阮教授曰：「奸細三名，已在吾掌執中矣【九】。」阮教授曰：「甚好。既得此，正騎虎之勢，宜急下脚手。不然，来日事變，我輩先爲魚肉矣。」於是點留三名充帳前使唤，餘盡令歸寨聽候呼叫，分撥守城。既去，生擒三名，申解使州送獄，一勘而成，所言與盧立無異。太守以張奇久在吾郡，初亦未信其果有叛逆之心，再送州院，人無異詞。又據弓會人等喋喋告説，其日與李浩人馬前去與虜迎敵時，張奇亦預弓會名数同往。彼時張奇虚放一箭，竄入虜隊，亦疑其有私約。州府聞之，即指揮速即根勘此一項情節。其張奇供出，其日果曾入虜隊中，約二十四日用草鞋戳于鎗頭上爲號，令番賊打入城中。又供四十八名同謀，来歷分明，即付與褎先將三名斬于市

【九】已在吾掌執中矣　「執」，明抄本、叢書集成本作「握」。

曹，人心稱快。一面委司法趙善腆領七十餘卒擒同黨四十八名，所供無異。是夜，就請司法抄佑四十九家之囊篋，有如餤硝、硫磺、弓箭、鎗刀，家家有備。

是日，守城人尚未披帶，而張奇等身已着軟纏，乾粮在腰。獨張奇之家有黑旗千餘面，及有蘄黄、安慶、鄂州、興國、武昌等城圖。又有白關外蘄黄、江州諸處里数，又有大金王萬户等去年十一月往来書信。則知歸正遺類，皆不宜置之邊面州軍，所可慮者不止一州。是夜則勦盡其餘黨。倅車又曰：「城外諸寺尚多此輩，不亟除爲害不淺。」乃即告示各鄉總首盡行勦除。據總甲申来，施行間而大半已先入虜隊，獨所存者婦女而已。

當日雨作，溪水泛漲，時有数騎往来沙河兩岸，若相視措置過溪之意。是夜賊仍舊扎寨於廣教一帶，每寨亦各燒火一堆，直到天明，列炬不滅。前夜金兵聲連相接，爲狗吠之聲聞之。諸卒曰：「此正所謂擺狗鋪也。」太守自此夜宿於袁學録大廳，日逐視事於此，並不曾回衙，與與袞宿於西楼，阮教授宿於南楼，林知縣宿於北楼，甯主簿、嚴監轄宿於東楼。

二十四日，虜賊擁衆下山，直至下河渡，呼叫張奇八郎如何不出来，莫悮了我。太守登城撫諭，又親聞虜賊呼叫張奇八郎，始知所斬無媿。

是日，有馬騎数百匹下河，試水之深淺。

至午，又有大同鄉總首康譊狀申，迎見虜賊，殺死番軍，及奪澪衣甲等。有北塔寺歸正人引前，被徐彬已殺死，委是大獲勝捷。

是日，廣濟縣民兵二百人打入城，分在北隅守禦。至午時，雨大作，有一番人手執雨傘，身披簑衣，自上河来沿濠巡視。將迫我城，呼亦不見應，孫中以箭射之，亦不顧，低頭而走，已從巴茆山路而去。此是間探無疑。

同日，又斬張奇等家屬。

是日，州府告示家家各點夜燈，以防奸細。司法申，連日以虜寇入境，百姓皇皇無暇營生。日来油價頗貴，小家點燈一盞，至天明非一二百錢不可。申乞出榜曹市放房地錢，庶貧者以地錢爲買油之助，太守從之。

二十五日，虜賊用隔河人家門扇爲挨牌，列於沙河畔，扛枋及小桁條不記其数，前来搭橋。與衮准本下令，速遣陳興將帶弓弩手百三十人與茶商聶友中等槍叉手自南門對岸以迎之【一〇】。阮教授同與衮督戰。頃刻之間，虜賊下河釘樁絞纏橋道，被我軍射殺不計其数。于是又以門扇護身入水打樁，其箭如雨，而不顧性命。我軍又以火箭射之，方焰之始，又被賊以水撲滅。箭鑿無所施巧，終不敵其衆多。河之北岸有所謂銀牌郎、金牌郎執刀斧以脅造筏之虜，不向前者斫之。至晚，金大擄擁衆絞筏已成。太守與僚屬曰：「不宜聽其造成，亟遣兵以燒之。」于是又遣陳興等一百三十人佐以茶商弓手百餘人。是夜再賈勇而前，被我軍弓箭射殺及中傷落水者，不計其数。仍施火箭燒斷道頭，抵暮而歸。

【一〇】與茶商聶友中等槍叉手自南門對岸以迎之　「商」原脱，據明抄本、叢書集成本補。

太守唱轉各人兩官。

二十六日，溪水漸退，賊擁衆仍前，不畏弓弩，再搭橋道過，于西門角水陸寺前搭立硬寨，巡視城壕，又開掘水陸港口，放泄壕水。有番人以索来試水，或用竹竿而探水者，皆被我軍射退。虜賊懼羽箭之不可近，于所掘港上横以枋木，如排筏子之狀，遮護矢石。所掘之人藏身於下，射中者挾之歸寨。既退復来，須臾圍燒我戰楼，又被我軍以竹唧筒作水箭噴死。其火賊發喊而退，諸軍曰：「此虜賊噉城也。」

同日，太守批牌傳令，應在城守禦官，如遇虜賊前来各隅所管地方攻打城壁，須管盡忠竭力，随機應變，務在勦絶，毋致墮落虜賊奸計。續又批銀牌傳令，應在城守禦者，各賞五官。至夜，守城之人奔走趋上城，不計其数。各乞預名，人皆以保妻子爲念，人心賈勇，至晚肅然。孫中發嚴一罷，氣象愈壯于前。是夜，遣獄子李信催援兵及催安慶民兵。

同日，虜分二百餘寨于嚴家山左右，每寨亦燒火一堆，如列炬焉。

是日，番賊馬步軍盡過西一帶村落打擄。至晚，虜人擄得牛隻約五百餘頭，每一牛各有一婦人牽之。

二十七日，番賊擁三千餘人併力東南圍楼對過侯家潭開掘水港，所執鋤鍬之人，皆被虜賊用索串其髻者千餘人。阮教授飛告急，太守當遣其子二機宜士允随與衮，同府判領帶弓弩手五十餘人直趋東南團楼下，策應阮教授。又調統領江士旺、陳興等併力攻打。

當有銀牌郎番軍頭目一人用氈簾遮護，直至港上督戰用工，被將官陳興射中耳門倒斃。隨見番軍五六人扶策回去，其餘射殺中傷，不計其数，須臾退走。申州報捷。知府、通判繼而親上城撫諭，又各唱犒射賊人三資，而陳興特唱五資，支賞錢三十貫。

是日，金人不住掘泄水陸港口。至夜，虜各歸寨。知府令與褒召募茶商民兵有胆勇者燒其所排枋木，填其所掘水港。須臾，陳興等有五十餘人各願請行。人各先支犒賞。至二鼓下城渡濠，奪得遮牌無数，燒其枋木，填其所掘之港，虜賊各潰。我兵殺死番兵数人，其餘寨雖知而不敢動，但暗放鞭箭而已，我軍亦無所傷。

是日，與褒調發北門外義甲董應龍等三百人夫生擒番賊七人，斫到首級十枚。太守各喝三官，錢五百貫。

同日，太守又遣人賫公文求援。

是日，又與阮教授、甯主簿撰檄文【一二】，檄義甲民兵內外勦除，檄曰：「蠢茲金虜，竊入五關。眷我蘄城，獨當一面。雖城塹有高深之險，而將士宣捍禦之勞。然念五縣英豪，四方忠義，久被朝家涵濡之澤，豈忘州郡攻圍之憂。爰寫忠誠，用咨英傑。矧茲不道之寇，大是無名之師。以吾民恩交義結之心，相爲響應；如彼衆偷合苟從之勢，立見勦除。宜各殫所蘊之長，當共赴有爲之會。或斬將搴旗而乘其始至，或斫營破栅而掩其不虞。况今雨澤雱沱，河流漲溢，用天時而遏其遊騎，因地利而斷彼歸師，功名皆在於斯。須機

【一二】又與阮教授甯主簿撰檄文　「文」原作「大」，據明抄本改。

會宜乘於頃刻，静胡塵而安邊境。倘各效於膚功，申制府而奏朝廷，必厚加於旌賞。故兹檄諭，各請知悉。」

同日，西門士庶各出錢爲犒賞之用，一日須約五千貫，解赴帳前。

二十八日，虜賊復来，開掘水陸港，我軍愈射而愈不退。又別運枋木前来，我軍又以砲石擊打。掘港之賊虜望砲起則鳴鑼以報餘黨，賊聞鑼響則皆避於枋木之下。多方設計，無所施巧。

是日，又見賊衆各斫竹篠束縛稻桿，四散堆積。與袞等逆料其必是填河，飛申本州。知府批令多備火箭以待之。至午時，但見四面號烟三條，直衝而上。又見東門守禦官甯主簿、嚴監轄報，虜賊拽人馬過東嶽廟左右交鋒。至申時，望楼子陳富報，番人牽馬四匹，從下河所絞橋上過，馬點蹄而行，虜賊有扶策而歸者，有帶血者。四門已閉，但不知與何處援兵交鋒。須臾，有百姓兩人衣不盖體，赴水渡河至城脚下，口稱安慶民兵【一二】，前来策應，至嶽廟迎見番賊，被番賊殺死不計其数。有下訔統領與催援兵人李信，俱被虜賊生擒。方知安慶民兵已至而不進之因。

一更盡，東門報有焦太尉遣兵硬探到時，有將官單不記名等二十人，自来家亭伍百寺、劉公河、洗馬灘、桃樹山路来。吊上守城，每名犒設銅會一十貫，酒二升，日支生券。

是日，番賊擁衆前来，燒毀四門吊橋，司法趙善腆領市兵與孫中、陳興等往来射賊，賊

【一二】口稱安慶民兵　「口」字原脱，據明抄本補。

各退遁。

同日，知府又撫諭百姓，各自安業營生。

同日，東南北門各歛錢共三千貫，解發至太守帳前犒兵。

當日，太守傳牌報四門，如各隅有獲捷之人，請徑自喝賞錢，却申来支撥。是日，虜賊騎圍城数重。

二十九日，知府告示，諸隅堆積火把，多置金汁鍋。仍告示百姓般傳磚石及街石與櫟柱，列在一千三百女頭之上，以爲備城檑木之用。人心奮發，頃刻而辦。與袞與諸隅守禦官兵上城提督，晝夜巡警，未嘗解甲。又備火籃松明以照城脚。

至晚，又有蘄水被擄婦人走回，歷言虜賊在廣教寺已造雲梯数百張，又造牛皮洞子二三個，造砲三十座，稱説初四日定来打城。

是日，虜賊百餘人燒師姑潭壩上鹿角，城上以硬弩五十人射之。又調發江士旺、孫中、陳興、陳信、李斌等將帶百五十人直下城以搶之，殺死番領一人，番賊三十餘人。陳信生擒一人，吊上城，而賊已傷重氣絶身死，斫其首級令于城上。奪得銅印一顆，印文「都統所洪字印」，其印背云「興定五年正月行官禮部造」。收兵歸城，太守給官券各各十千，又喝官三資，委是勝捷。

是日，本州遣帳前佩印官獨木巡檢李鈞帶領銅會一萬貫，往黄梅廣濟縣，准備給犒援兵。

同日，虜賊方安立砲座於沙河内，望見番兵往来經營之狀。

三十日，虜賊又造上河橋，運竹把擁併而来，堆垜城濠，一無餘地。皆我百姓婦人搬運，聞是擄到黄州、蘄水、麻城、上下巴河之民，搬運不絶。

其日，有北門外文頓坊税户黄思名等人捕獲番人秦順。據供係潞州人，油麵行爲活，鄚王起爲我軍，日支麥二升。有妻一人、子一人在家，各請官中麥二升。随逐左監軍人馬前来打擄。自黄州分正軍三萬人，来打蘄州，本意只来打巴州便回，即巴河也。實有蘄州歸附人盧立與張奇、張三、韓四説，来打蘄州不妨，彼處無大軍守城，只有民兵四五百人，所以遣我前来。又供稱左監軍未到【一三】，未敢打城，等監軍到来，方打城壁。監軍完顔鼎約黄千户、耶律千户共有三萬人来。又有毛克攻下五十千户人馬三千人，鄚王指揮，許半月打擄，即便收兵。次日將秦順斬于市曹，押出之際，口説大金鄚王無道，連年用兵，使我兄弟五人皆死於軍。歌唱自如，曰：「生爲潞州人，死作蘄春鬼。」

晚有蘄水鄉民黄小三、妻阿李被擄拘留廣教凡十有餘日，脱身遁歸，至北門城脚下。當用索吊其上城，具道虜人又有左監軍完顔鼎，有五萬人馬，見在寺造砲石、雲梯、牛皮洞子，約初四日打城。與二十九日蘄水被擄婦人所言一同。

三月一日辰時，望楼子兵士陳富報，虜人擁衆前来，圍西門。當調發孫中、江士旺、陳

【一三】又供稱左監軍未到 「未」原作「来」，據明抄本、叢書集成本改。

興等准備弩手以待之。

至午時，賊擁過吊橋，被我軍射死不計其数。及西之皂角樹下一衣長甲軍坐於交椅之上，方開弓弩欲射我戰楼上人，被孫中一箭射倒在地。金人擁前拖去，又被我軍亂箭射中数人，奔走前去。

至午，節次探得金人拽馬騎千餘匹，過南門劄寨擺過，北直至廣教山望城崗後横槎橋，南至南禅寺，東至嶽廟，西至今家後嚴家山。度其姦計，一則把截以防東来策應之師。是日，太守同倅車詣諸廟拈香，祈保城壁。

同日，虜人于西門外張鑑屋地上造望城楼一座，窺視我城内虚實。與褒見賊人上楼窺視我城中之兵勢，遂于四隅抽差叉手五百人，又以雜婦女小兒多張旗幟，拽作数隊爲伏兵，遶城耀示。金賊委兩將官騎馬以統之，其賊望楼之兵果下楼，以亟報虜人。

初二日，有蘄水百姓王七七自北門赴水渡河，稱被擄去金人放歸，口稱令我賫書請本州受降。知縣林桀弔其上城，解至制幹行司，與褒即請稟太守曰：「度其書無過辱國之語，不必開看。其王七七乃吾民，苟活偷生，爲虜將持書以辱吾國。」太守令即斬之于市曹。是日，羽箭射辱國之書数十紙，太守以銀牌批諭守禦官，凡有此書，並不許開看，仰仍舊射還金賊，違者依軍令行遣。射還之時，諸軍大罵賊黨：「吾乃大國，不受此書。」云：「汝金國既爲韃靼殘破，所守河南数郡而已。若非汝以金帛子女以博安靖，安至今日？

我本朝好生惡殺，不肯遣兵殺死鄚王，今不自保殘喘，輒敢興兵前来，是自取其禍也。今聞汝欠三月之粮，遣兵前来打擄，兩郡城外，既爲汝等蹂踐擄掠蕩盡，若能收兵回汝金國，我亦不遣兵追襲。况蘄州乃牛角之地，有来路無去路，汝等萬一更猖獗無狀，我定遣兵百萬，分路把截，使汝匹馬隻輪不反，毋貽後悔。」賊皆俛首不答。

是日，與褒又撰檄以招降金賊，其檄曰：「洪惟我朝，每以兼愛南北爲意；凡待隣境，惟有不殺生靈之心。祖宗畀付，□□相承；社稷靈長，往往賴此。在今日之對壘，實彼國之造端。汝主不自省愆，肆爲不道，外則困于鞬靼，而懷遷怒于我之恨；内則失其臣民，而起歸罪于我之私。雖竊據于汴京，尚有稽于天討。蓋逆順曲直，我自有定論；而存亡成敗，聽彼之自爲。何期反肆予侵陵，是用載嚴於備守。城壁素堅而糗粮素具，士卒素練而器械素積。援兵蟻聚而来，義士蜂屯而集，各揚威武，盡奮精忠。我師既遣於戈矛，彼衆必爲之虀粉。是用仰承厚德，撫示招安。投降歸順，則旌賞之必加；潜遁竊逃，即追擊之勿襲。苟執迷而不悟，定勦戮以無餘。幸思去就之宜，毋蹈翦除之悔。故兹檄諭，想宜昭悉。」

初三日，番賊擁衆搬抬雲梯、砲座、攻城器具前来，攻打城壁。

是日事多，吏輩分頭督戰，應有申狀，一切畧去，袛用片紙親寫，飛申使府。與褒急以片紙飛報本州，太守親批報云：「如賊用雲梯登城，宜造鬚鈎用麻索抛搭，近前施矢石者，自施矢石，急用長斧数十柄，准備斫其雲梯。但要脚手急速爲上，則賊不可得而近也。誠之上覆司理兄。」與褎即調發將官江士旺、陳興、孫中，告諭官兵，一如知府批諭之策，射殺番軍無数。

是夜，又有茶商軍三十人請出刼寨。當夜殺死番軍八人，奪得番鎗二十條，番刀七把，大小氈十五副，皮牌五六面，弓四把。

是夜，正望援兵不来，至二更，有百姓蔡汝霖二人賫权司張亨白旗前来，稱有急脚于東門麾旗爲號，甚慰滿城縣望之切。本州逐日遣人麾权司張亨旗號等候，並無消息。

是日，秦倅率百姓詣五通廟祭陰兵。倅車曰：「鉅自虜人圍城，一家食素已半月矣。小兒子事斗尤虔，每夜朝禮誦經，亦只爲一城生靈與骨肉之故。」

初四日，金人擁衆皆以白布包頭前来，西北圍楼，號哭我城。與褎即遵用兵法，殺狗一隻，去其心肝，以所奪番笠、番氈與狗披帶，用長鎗戳起，以厭禳之，彼哭我樂。又呼妓着紅衣，動細樂于戰棚上，金賊自午至夜，哭聲不住。

其日，西南角番賊亦擁衆于城外，開掘水陸寺後河水。當夜二更，又調發陳興等賈率訓練官陳信合千人、陳俊部領水手等人過河，前去刼中賊寨，奪到番氈九床、軍器等。

同日午，虜賊擁衆驅迫我界婦女，將向之所稽竹篠、竹把前来填西門一帶濠港，五處皆發。孫中、陳興盡数用火箭射之，其竹篠五七處各已燒盡，虜賊更無所施，申州報捷。

衆曰：「多有我界婦人，又恐射了我界之民。」太守曰：「此等婦女被擄，苟活偷生，尚爲彼用。縱射殺我界人，乃以保全城内許多生靈，亦無奈何。」至申時，賊見火箭甚衆，又遣婦女盡刈田内新麥草桑，擁併前来填壕，又驅婦女搬所燒地上磚瓦壓于其上。我軍火箭不能施巧，遂被金賊以門扇爲挨牌，擁過羊馬墻下。與衮與判府教授等委陳興選搶叉手下羊馬墻内，賊入即殺之。於是分頭掩殺下濠，賊敗北奔走，奪得番人軍器，斬到首級十餘顆，收到弓箭三萬餘隻，箭上多有「毛克攻下千户」印字。亦有黑桿箭，聞是頭目人射底。

是日，太守令速上布袋五千隻，告示營婦百餘人，併手做造，遂得以遮砲之用。

是日晚，有虜扛廣濟縣牌額自南而北回，度是焚燒縣治無疑。

初五日，金人驅我界婦女扛鵝車洞子百十座於河岸。與衮急飛申本州，太守親批與與衮云：「聞賊扛抬鵝車洞子，意来攻城。古法候其近城，宜多熱煎金汁，澆灌其皮，又使麻油肪油澆其上，用火牛燒之。皮自然縮作一塊，則賊無所施其巧，至屬。誠之上覆司理兄。」與衮即調發諸軍一如前法以應，無一不勝。賊見其洞爊焰不可近，但遠望，叉腰駭看而已。至午，金賊又於西北團楼燒我軍所埋壩上鹿角，即於壩上羊馬墻外用松木八十餘條立起，對我團楼，其高過戰楼数尺。又用土布袋爲幔道，意搭雲梯以登我城。是夜無策以攻其退，事勢危急。又急呼諸將官聚議，欲用火燒對楼，而相去有三丈餘地，火拋不到。太守與與褒曰：「如諸軍能燒其對楼，將官交賞銅會一百貫，餘人三十二十，仍舊唱官兩資。」是夜，又委司法趙善腆督統領江士旺、陳興三十餘人下城，直趋對楼下燒之。城上令民兵更迭送下火把。至三更對楼焚盡，即飛申報捷，知府親批付與褒，令亟以所許之錢分賞諸軍，人心大悦。同日守城之人，太守勞以牛酒，犒以官會。

是日，賊於羊馬墻外竇穿地道五處，急飛申本州。太守以小批報與褒曰：「如賊竇穿地道入来，宜多方措置小口缸子，對其所掘處埋之，兵法謂之甕聽。如近則對取一穴，又准備硫黄、砒烟以薰之。洞口宜多准備叉槍手，以截其入。」是日凡遇賊所掘處，皆埋一缸，竇穿不住。

當日，北門兩處亦被虜賊填過濠竇穿三穴，南門亦有五處。

是夜，差民兵叉槍手二百人，茶商軍二十人，土軍弓手三十人，廂禁軍一百人下城守羊馬墻，夾擊所掘地道之賊，又用火牛燒之，其賊不能施工而退。

至二更，賊射虛箭于西門上，守墻之兵衆噉趕殺一聲，其中有禁軍張迪胆怯，攀上禁城。民兵二人又以槍桿取其上，守城官李保義所申，當依軍法行遣，申州照會。太守曰：「身爲禁軍，未見交鋒，已先遁走，豈芟脊杖可以盡其罪。」遂斬於城上，以令其餘守城之兵肅然，不敢輕動。是日率在城人家秤鎚充手砲，以擊羊馬墻外竇城之賊。

同日，孫中與賊打話，賊云：「黃州已打破了，汝國不還歲幣，又何不受降？」孫中曰：「黄州已是空城矣，不得以我蘄州比黄州。汝是只要討歲幣，如何却来打擄？汝更不去，我人馬會合来勦除，必無歸路，兼汝各有妻孥在家。」番人云：「是不由我也。」

初六日，據北隅守禦官林知縣申，金人攻北門一帶城壁甚急。當日太守令與窔同通判及二機宜士兄，領茶商射士百人前来策應。又調發陳興、孫中買率訓練官曹全、丘卞、王恭、何佃、陳信等百三十人縋城與虜賊交鋒。搶奪到攻城器具，又燒毁鵝車洞子無数。又燒其填壕竹把子数堆，奪到雲梯十餘張，殺死番軍無数。我軍間被箭中傷。

是日，四門金人皆有雲梯臨城，所欠麻索甚多。宗子趙希郘守宅地客三十名前来供事帳前，連夜打索百餘條，散四隅。

是日，東門亦得麻索之力，穿三鬚鈎，鈎奪雲梯五六張。至夜，知府遣梅必信三名催援兵，人給錢一百貫，借補承信郎三紙。二鼓渡河，行未及数步，被狗吠逐，而賊寨知覺，攔截趕逐，急走回州。天意不順，是夜遂不成遣。

同日，金賊竊穿倒羊馬墻数十堵，西北一帶尤甚。大扛牛皮洞子至城下，盡数被我軍焚燒。

是日，市上無麵賣，州府各借麵店麥五碩。

初七日，望楼子報，番軍已拽大陣，分上下河橋前来，竊恐攻圍城壁。

是日，自蔡汝霖齎權司張亨白旗前来已五日，援兵並無消息。金人復添黄州生兵数萬，有五方新旗插於廣教山頭，郡人告急，甚於倒垂。稟太守曰：「今與袞以此身期與城爲生死，急保城壁，乃所以保妻子。」出遂糾率僉判趙汝標、司法趙善腆衣朝服，與在城寄居有官無官宗室詣聖祖殿，展御容，祭告祖宗。諸族人讀祝，至「二帝之耻未雪，今復遭其蹂踐」處，淚下如雨。郡人羅列殿門之外，聞之亦相顧淚下。出詣三清殿，又許醮一百二十分願保全城壁。是日，虜賊又號哭我西南團楼，亦如初四日殺狗以厭之。至更盡時，聞東門擂鼓聲，須臾東門守禦官甯主簿、嚴監轄申，有援兵至。太守親批令與袞躬往辨認。至東門，見援兵数百人已渡河，至羊馬墻内，詰其子細，皆云：焦太尉遣徐統制等人馬前来策應諸軍破寨，至此亦多有中傷者，其中有一卒渡河失手，死於東門。亦言廣濟縣被虜賊焚燒蕩盡。太守喜，一行人入城，一例各唱三官，統制犒設銅會五十貫，將官銅會三十貫，押隊管隊撥發各十五千，長行各五千。是夜共散官會八百五十五貫文銅會，百姓排門焚香以迎之。又有富室争持壺漿以勞之，紛然而来。惟西北一帶，番賊不住以牛皮洞子遮護於羊馬墻外，窖掘地道，被各隅以火牛焚燒，矢石交下，賊不能安迹。

是日，鐵連枷木太重，施打不及。與袞又造手砲二百餘副，分四隅，差人於羊馬墻内抛打虜賊，虜皆不得近【一四】。至晚各隅巡邏徹夜，略無少怠。

同日，太守又犒守城兵民錢酒。

是日，慮賊攻西北團楼，已擁衆登至半城。有百姓方通用石頓於檻上，此人以頭頂起

【一四】抛打虜賊虜皆不得近　「虜賊虜」與「得」原脱，據明抄本、叢書集成本補。以下「虜賊」二字多有被删去者，亦都據二本補，不再出校。

乘空版，獨力推下石，壓死番軍数人，守城等盡噉打，賊衆驚退。時監戰楼官飛申，太守犒支賞錢一百貫文。

初八日，金人增添砲五座，攻打西北團楼，我軍亦添砲二座打切。緣本州城獨有團楼而無馬面，兩邊無對敵之地，所以虜賊一意攻擊不住。

是日辰時，太守批報與褎曰：「虜賊攻圍甚急，外無救援之兵，臣子之心義當效死。矧凡在城守禦官世受國恩，當此憂危，宜各盡忠戮力，互謀抵敵。事定均爲奏功，併望示諸同官。」

是日，金人又於露字楼下，嵡穿地道，與褎與通判督將官江士旺、沈祚賈率官兵於城上分布，以勁弩强弓射之，矢下如雨，番人敗走前去。與褎即發兵百餘人，下城追擊之，斬首三十餘人。奏捷之時，太守各賞追敵之軍各十券，唱官三資，應城上弓弩手各賞五券，亦唱三資。自是應有策應之兵，人人奮勵，迭遣擊敵或守戰者，日有克捷。

當日，分武定軍徐揮、萬衆等守西北團楼，常州提振守北門一帶。

是日，東門寗主簿、嚴監轄與總首梅必禮等奪得雲梯二十量，時太守支給賞錢二百貫。

同日，金人嵡穿暑字楼，又西門脅楼、歲字楼、爲字楼五處不住。

是日，知府批諭諸處守禦官，多遣人於城下各取其穴，對掘小孔道，燒烟以注之。與褒曰：「虜不穿入城内，自竊穿者，乃沿磚後取土，意卸我磚，非竊我城也。」評議半日，太守力以爲不然。獨有阮教授乞差井匠数人，就虜人所竊處女頭邊如掘井之状，以接其穴。是日對着所掘之穴，又以藥燻之，其賊扇所燻之烟，自下而上，賊云：「我無奈何，實迫於相公之命而已。我在此逐些取掘，若有意掘時，多時陷了。汝有酒時，討些與我喫，則不掘。」士人李該聞需酒，亟謀教官阮希甫曰：「可從其所需。」李該又云：「家間開藥鋪，有些毒药，宜置酒中與賊喫。」教授然其説，送酒與賊虜飲。是夜聞番吐之聲，而賊果不掘，死在穴者有之。諸處皆效阮教授之策，金賊或有求羔食者，亦茹之以葯。又虜賊于暑字楼施放砲石，日夜不住。獨西門知府帳前與與褒帳前左右鉄火砲最多，甚至打至卧床屋上，幾於殞命。或者云：「此有奸細，不然何以徑打兩處帳前耶？」是日太守移軍帳於趙希岊家，就本人屋廊下置局造箭，以應諸隅之需。

是日，四隅用過弓箭三萬隻，弩箭五千隻，與褒移帳於新寨。

同日，徐揮因入城，自有乘馬被賊射死，與褒自出己錢二百貫會買馬一匹以送之，倅車亦以銷金鞍一副與之乘騎，又以所乘之驢與之。以此固結其心，爲保守城壁計。

初九日，望楼子陳富報，番賊拽隊臨西南團楼河畔。當與與褒同阮教授親督將官陳興等弩手三十餘人，又發太平弩手王公十五人，茶商及射士等二十餘人，又發訓練官李斌領敢死軍十五人迎敵。已被擁衆過楼下竊穿地道，射死番軍無数。太平弩手王公等百發百中，但其箭雖小，又以毒葯塗其上，虜見此箭曰：「蠻子以筋射我。」時数番賊眼睛各中一箭，随即退走，被聶友中、李斌等五十五人下城夾擊，虜兵大敗。是日太守收捷報，又批令與袠今夜宜更召壯士刼其寨栅以撓之，無得坐受其攻也。當夜訓練官李斌等以部領敢死軍十五人、茶商三十人直趍對河虜寨以殺之，連破十五六寨。奪得番搭袋資糧二袋，番綿裘五條，皮靴弓箭等物，又斫到首級十餘顆。

二更巡城罷，通判與四隅守禦官阮教授、林知縣、甯主簿、嚴監轄、統領孫中趍到帳前，禀太守曰：「昨日雖得八百餘人入来，皆非用命之人，已分定地方，更不上城守禦，恐被悮事。」太守於是批銀牌告示百姓，應有軍人在家歇泊，不上城守禦者，先將安下人家依軍法施行。是夜，人方勉强上城，終不以社稷爲念，爲我堅守。與袠等又白太守曰：「城外應援之兵，今早得報已在青蒿，相去無四十里，尚爾稽遲不進，我蘄州生靈坐以待盡。今金賊日夜逼迫，窬穿不住，攻之不退。上禱皇天，未加震怒，下促諸將，未肯奮前。祖宗累積幾百年城壁，與袠等痛切深思，實無罪戾，夫何使與袠等與蘄民至此耶？今夜蠟彈十人催援兵破寨，前去十人之中，豈無一二人可以突過虜寨。」

是夜，太守遣百姓張四等十人已過四五賊寨，其六人被賊衝回，所有蠟弹皆與袠親書，與焦思忠鈐轄、張亨權司及趙制幹官、位承節郎特改差淮南轉運司催發綱運物料官兼淮西制置司准備差遣督戰軍兵馬趙灊夫，其蠟彈云：「如頃刻不至，則蘄州城必陷，他日罪有所歸。」催援兵過安慶府。陳監丞與陸察推炳所親見趙運屬之開折【一五】，一語之誣，天實臨之。

初十日，番賊掘西北團楼一穴，已如此瓦窑中間磚已卸数日，人心驚駭。恐其掘透，先用排沙木造重城于内以待之。是日北門守禦官董尉戡申，今日選得有胆勇五十人，願下團楼搶所掘之賊，戡亦願躬自督戰。與袞于是從其説，人各與酒一升，給錢三貫，以激其勇。是夜果大捷。

同日，百姓迎岳廟神於四門。

其日，虜賊攻城不住，以至婦人女子各賈勇搬石，與諸民兵相接擊賊，飢渴不暇飲食。是日，徐揮乞將兩獄大囚充敢死軍，太守從之。兩獄共二十有五人，守西北團楼，人各奮激，願効死戰。

是日，北門守禦官林知縣亦告急，被賊燒北門吊橋。當知縣委沈祚等八十餘人下城迎敵，與袞又調發孫中、江士旺與李斌等敢死軍一百人，自西而北，與知縣所調之兵，夾攻虜賊。得弓五張，鎗二十餘條，斫到首級三顆。

十一日，番賊攻擊西北楼，横流砲十有三座，每一砲繼以一鉄火砲，其聲大如霹靂。其日對砲，市兵賈用因拽砲被金賊鐵火砲所傷頭目，面劈碎不見一半。又有同拽砲人傷者六七。其陣亡者，太守每名支錢三十貫，被傷者十貫。西門楼亦被打碎垂空版十餘片。

【一五】趙運屬之開折　「之開」原作「間之」，據明抄本、叢書集成本改。

與褒急遣統領孫中以皮簾易之，屋上安排松枋如鋪楼之狀，砲石打落其上，人無所傷。皮簾之後，盡用磚石甃砌。仍告示四門各相排護，無使彼砲打傷我軍。屋上各安土布袋三百隻，以乘砲石。

至午，賊又擁衆燒西門吊橋，又被我軍射退。

同日，賊攻北門，與褒又同知縣林桀調發沈祚射退。至夜，又遣陳興、訓練官王恭、廂禁軍民兵百五十人下城前去西隅，填塞生字楼窟子，殺死番軍下濠及斫到首級二顆，并奪得鍬钁十餘柄、軍器等，委是大捷。

是日，郡人聞黄州已破，恐城難保，怯者紛然，欲棄城而走。守倅力主與城俱亡之議，衆又謂蘄不可守，則賊必窺我安慶無疑。倅車曰：「不特安慶，江西可憂。事已至此，守則亦死，出則亦死，不如與城俱亡。」太守曰：「守邊而死，吾輩職也。」

十二日，番賊所掘之處地道益大，既入穴洞中，矢石所施不到。至辰時，金用氊幔雲梯併力攻打西南團楼，自早至暮，番賊欲搶上城。阮教授希甫同陳興又用火牛燒之，賊方退。又以麻搭用水搭死火牛，我以石頭抛擲之，彼則用氊連頭目裹其體，而任我之抛擲，或閃於羊馬墻之屋下者。矢石一住，復入洞穴中窬穿。

其日，武定忠勇等軍以勢不可支，陽曰焦太尉人馬到，誑東門守禦官，欲出門以迎之。甯主簿曰：「不得州府指揮，安敢放人，縱得州府之命，不得制幹批帖，亦不敢擅放。」于是姦計不行，復回地分，亦未嘗加力迎敵。惟民兵市民廂禁軍守城而已。

其日，四門攻擊可畏，援兵又無音耗，番寨圍閉数百重，凡遣催援者無路而出。百姓稍有恐怯者，士子執教授手相顧流涕，阮教授曰：「希甫十餘口，非特百姓也。」復来告急于與褒曰：「我亦有妻子十六口，若保城壁，則妻子亦得團圞。豈意援兵今已多日杳然無耗，萬一参差，各爲國而死，奈何！奈何！」于是揮淚而别，各守地分。

其日，家家焚香拜告天地，小兒亦有拜者。

是日，火牛已盡，籬壁亦無得可拆，甚至逐家刷藁薦二領，以爲之備。

十三日，虜賊擁衆攻四門甚亟，諸軍皆説虜賊今日大打城。與褒親冒矢石，督諸軍力戰，語將士曰：「今四圍皆是賊壘，進退等死，當從死以求生。」軍士亦知其必死，人人争奮，無不以一當百。虜賊已見外援不至，觀我守禦之人單弱，日添砲架数座攻打，羽箭如蝟。惟攻西北團楼最急，石砲之後，繼以鐵火砲，其形如匏狀而口小，用生鉄鑄成，厚有二寸，震動城壁。其日對砲兵士詹進被砲打死。至午時，被金賊竅穿墻壁，坐損女頭三座。與褒即時調發諸軍士先以布幕遮所陷之處，兩面用强弩射之，不與登城。又併力用排沙木捍禦爪縛戰栅與之臨。自辰至酉，虜三替生兵，攻擊不住。

是日，對敵百姓官民軍兵食不下咽，以至擂鼓無人。與褒自步至寨中，呼唤小兒二十餘人，每名劳以百錢、蒸餅一枚，賈勇擂鼓以激士卒交戰，自辰至酉不退。

是日酉時，虜賊擁衆兵士排杪木縫邊直登我城。有旗頭虜賊方上城間，被茶商軍蔡全一鎗戳殺下城。於是虜賊大敗而退，莫敢進者。

是日，又添造布幕十副。

十四日，望焦、張兩司人馬，更不見到，滿城疑之。未幾，只見賊射弩箭無限，箭上朱字云「池州都統司造」。人心益憂，度必與賊交鋒矣，但未知其勝負。

是日，西門攻打甚亟，各隅軍兵皆有重傷之人。最是暑字楼下與西南隅楼鐵火砲相繼及，傷人最多。

是日，與竇督戰於露字楼，挽弓同諸軍射賊，回身取箭間，左脾亦中一箭。方敷葯之頃，而董尉右手面亦中一箭，董曰：「吾將家之後，中百十箭，此亦常事。」阮教授曰：「苦哉！苦哉！」倅車、教授曰：「此爲國家矣。幸不在要緊處，可與二公書於功賞簿，事定則申。」倅車每聞一處有敵，則親自監督，無敢畏避。

是日，有鄱陽客人詹太、汪太、黎太等十餘人爲商蘄州，因賊圍繞城壁，不得出。時時拽砲闕人，行下四隅，率单丁户盡充拽砲，詹太等皆在其中。時聞援兵不來，事勢危殆，詹太等與甯主簿係是同鄉人，遂密語主簿曰：「官人早作出城計。」甯主簿自云：「平時蒙太守知遇甚深，賊至日，太守嘗握手相語，勉以忠義，誓死城郭之語。」到此但以好語遜謝，戒詹太等云：「萬一汝自得脱，急還鄱陽，且勿驚我老親爲囑。」又自出其所得乃父書與同官看，亦莫不以忠義相戒。

是日，賊放砲不住，西北團楼已成粉碎，人不可近。所幸團楼之内已用磚甃砌，虜賊欲登城而上，亦無自而入。所有大囚敢死軍二十五人，自辰時與賊于女頭交鋒，賊上城者戮死，竟不得上。蓋人心奮發，心力齊故也。

是夜，徐揮爲見賊勢益熾，與常用畏怯不守。至三更領兵八百餘人潛地逃遁，盡出南門。頭詿郡人曰：「官司調發我出城刼寨。」百姓驚駭，急来走報。時都吏王達繼至，告訴甚急。與裦不候卒馬，徒步走至南門，已被打開鎖。常用登門方拽起吊閘之時，與裦多方禮問二將曰：「若是刼寨時，何用騎馬及帶婦女出城？汝若棄城而去，百姓自守無虞，汝等有何面目更食官禄。」與裦情迫意切，未免望闕遥拜，苦告之曰：「汝不以百姓爲念，當以社稷爲憂。汝曰我是策應之師，如不入城，則責不及汝。今既入城，則當與城爲存亡，豈可打開鎖逃遁？汝等得何罪名，全無州縣制節在外，則爲策應在内，則當守城壁。汝等宜以宗社爲念，不然，則殺我而去不妨。」各人無説可答，常用曰：「欲要人馬守城，宜多出錢以撫諭之。」貳車繼至曰：「諸統制不可如此，趙制幹所諭甚當，亟回兵守地分，若能保全得城壁，事定鉅與太守一力保奏，其功不小，鉅當親爲汝等稟白君相，力言汝等勞瘁之功。」與裦以宗社爲念，與倅車曰：「每名聽徐揮等唱賜錢多少，撫諭其回。」倅車曰：「縱太守不認，鉅出經總制庫錢兑支不妨。制幹但稳心事定，鉅自與朝廷出豁。」

阮教授與諸將曰：「甚好。既通判、制幹主盟，宜早回城守地分，恐彼處虛怯，爲虜賊所知。」於是徐揮自喝長行銅會二十千，將官百千，統制二百千。是夜七名將校八百四十九名長行，共支三萬六千二百七十貫文。方始回兵歸新寨，已四鼓矣。太守即令支出上項所犒錢會，付與竇躬親俵散。

十五日，虜賊四門各打火砲入来，獨西北團楼自早至次日達旦，火砲不住。人心方皇皇，虜賊攻城愈不可遏。飛申本州，太守批報云：「攻城方急，可厚賞軍兵下城審觀形勢，料度彼已見得，委可以前進刼其寨棚以撓之。誠之覆司理兄。」

是夜，南門守禦官阮教授遣陳興等百五十人自支錢一百五十貫犒設。是夜刼中賊寨，奪弓数把，殺死番軍甚衆。與竇又遣孫中、曹全、茶商軍等人共百三十餘人，自西而南，與教授兵夾擊攻打，賊盡過濠走。

十六日，賊擁衆增添兵馬，分布四門，夾擊攻打城壁，姦計百出，添立砲座，矢石交下如雨，委是危急。與竇賈率士卒多方抵敵，雖城已竅穿二十餘處【一六】，獨十三處最大，終不能便陷我城。至日午時，喜得一雨，滿謂可以使虜賊退遁，以保全生靈。不意火牛被雨燒燎不着，又虜賊以濕氊搭撲火頭。至二更，風色不順，賊又以火砲、石砲相繼攻打，民兵無容足之地，遂被虜賊以雲梯登城。不委徐揮一隅之兵畏怯不戰，只令本州新刺敢死軍二十五人獨留當抵地分，遂至寡不敵衆。被虜賊擁上城壁，殺死二十五人，而徐揮、常用

【一六】竅穿二十餘處　「二」原作「一」，據明抄本、叢書集成本改。

等八百四十六人棄城先遁，人心皇駭。遂至虜賊上城，分兩頭將官城人殺戮。與褒急追徐揮至八字橋，而水深不可過，追趕不及，但背後大罵徐揮、常用配軍，汝棄我城遁走。與褒計無所施，惟槌胸叫苦而已。復思蘄城数百萬之生靈，急遣二卒分頭飛報守倅，與夫四隅官前来策應。倅車先到新寨，而虜兵尚未敢下城。太守繼至新寨，調發西門統制孫中與夫統制江士旺、陳興、曹全、丘卞廂禁軍、茶商軍、敢死軍李斌等戮力巷戰于新寨。須臾寨内火焰四起，被賊追殺至南門，守倅與與褒及同官自此各不知存亡去向，但聞孫中厲聲喝令諸軍鬪殺，報答國家数聲而已。其江士旺、孫中即爲虜殺。賊遂擁衆分頭攔截趕與褒至城之東南角上，其賊先叫知府、通判、趙制幹在何處，可出来受降，不然活捉来剮了。當是時，虜騎滿城，幸身衣軍人緑布衫。褒在亂軍中越更有餘，痛楚悶仆。既甦，視左右積尸，皆身首異處，獨背後又有一衣緑布衫者，屡仆屡起，即視乃同官趙司法善腆也。與褒先時在圍中捍禦，已身被中数箭【一七】，及跳過羊馬墻外，隨逐百姓赴水渡河。其時月明，又被虜賊兩面夾射，于項上、右脅、左臂，連中三箭，幾致仆地，遂使妻徐氏與兒女一十五口無餘處死，卒斃賊手，痛不忍言。加以出身文字留在客舍，片紙不曾帶得，盡被焚蕩。與褒言之至此，籲天莫聞，惟有痛徹心膂而已。

與褒切照番賊攻圍蘄州，前後二十有五日，守倅衆官晝夜親自擐甲登城，督勵官民兵對敵死戰。及遇夜出城刼寨，梟到番軍統領首級，奪得銅印，生擒番軍馬匹，攻城器具、雲

【一七】已身被中数箭　「身」字原脱，據明抄本、叢書集成本補。

梯、鍬钁，焚燒鵝車洞子，及用草牛火燒拒虜賊，不容上城，屢使敗退，竭盡心力，無所不至。只緣寡不敵衆，計無所出，至十六夜二更，徐揮、常用領兵逃遁，其所守城地分無人把守，遂被虜賊蟻附登城，四隅守禦之人一時驚駭潰散。當下蘄州失守，與袞與司法趙善腆身衣軍服，遂得於積尸中死而復活，半夜奔從南門，迤邐自用源步，直趨費龍嶺路。天色漸曉，沿路借問援兵不進之因，或言權司張亨、路鈐焦思忠、陳輔、朱虎、祝文蔚、王振等兵在高山。既至高山，則云在松楊橋。至松楊橋，則云在青蒿。至青蒿，則云在草坊。至草坊，則云在石龍坡。至石龍坡，則云在四祖山。至四祖山前，則云在太湖縣。至太湖縣，則云在小池。至小池，則云二項人馬，一則張亨之兵畏怯不進，爲虜所覘，至十二日被賊徑搶其寨，以致大敗。一則焦思忠、陳輔之兵被趙瀠夫之所牽制，畧無進意。十二日夜二更，與權司張亨兵走歸安慶府。其路上人又云十三日有許都統俊之兵已到濯港。是時黄梅縣率百姓、宗室共百餘人焚香攔拜，乞其人援蘄。彼則曰：「朝廷差我策應黄州，即不留策應蘄州」，云：「我已得朝廷文，只令我固守江面。」微笑不顧，徑自渡江而去。其它如朱虎之兵，則止於三角斗方等山，去城七十里。王振之兵，則止於羅田縣，往來蘄春界内。祝文蔚之兵，止於桃樹山之間，去城五十里遞，皆相持不進。又有如袁海之兵方前，而王辛之兵隨却，皆未嘗有入城之心。大抵騎兵貪利，所過以擄掠爲事，寇至則安坐於高山，畏怯不前。寇退則聲鼓驚趕，其後以收復爲名。城内倉庫，虜取未盡者，席捲之而去。

及沿路摽掠，以至婦女耳環不待取而連肉掣下，有甚於寇者不止一端而已。故前乎援兵之未至，越二十有五日而城不陷者，實本州官寮民兵同守之力。後乎援兵之既至，止得数日而城遂陷者，實徐揮、常用不用命之故，與夫諸將相持不進之罪。以此可見，使援兵併力解圍於二十五日之前，蘄城委無可破之理。使蘄亦如黄州，不能爲二十五日之守，則自舒以及江面諸州，深爲可慮，又不至此。與褒等一介書生，平時不習軍旅，倉卒寇至，蒙守倅委使糾率官民戮力守禦，幾及一月。與褒闔門一十五口，均與守倅而下骨肉盡淪没於賊手，仰報國家，其於忠義，可謂盡矣。諸將反以佚罰冒賞，自謂得計，可乎？與褒昨者赴訴制臺，驗傷之後，即乞放令伏闕，亟爲蘄民訴此寃痛。制帥惻然，謂虜既退遁，蘄州不可一日無官，姑俾攝倅貳之職，力任經理之責，安集流歸之民。未免忍死一行，亦欲訪問知通同官眷屬之存亡，與夫妻兒之遺骸。於是辭不獲已，拜命星奔，還至蘄城。乃知童統制治壘屏起一例焚毁，無從辨認。至城之日，不忍舉目。官民屋宇、倉場、庫務盡成煨燼，骸骨山積，枕藉河井，終不能稽攷。惟撫手掩面，痛哭而已。及後来多方體問，則知賊勢横潰之時，太守李國録與秦通判等遇賊于子城之十字街，各以自随之兵冒死鬬敵。是時死傷畧盡，太守奔歸郡治，呼骨肉令速赴水自盡，其二機宜士允自三更上城後，已不能返顧其親，太守尋迺就設廳引劒自刎。倅車亦歸倅廳，厲聲呼吏人劉迪，急令人放火燒諸倉庫，不得留與賊人，遂投一室自焚。其時白袍猶未脱體。其三子將士復同時就盡。時有老兵牽倅車之衣以出火場，尚喝老卒曰：「我爲國死，汝等可自求生。」阮教授臨危之時，聞有寄居武臣挽其受降，叱曰：「我豈爲此哉？」即時歸衙，先遣其子女赴井，然後自投于廳前井中，此見於教授廳節級鄭五之所説。判官趙汝標與知縣林㮚、嚴監轄、剛中、甯主簿時鳳于事急之際相語曰：「我輩守城闕，調發幾及一月，滿謂援兵之至，可以保全城壁，豈謂使我輩遂至死地耶？我輩自爲之計可也。若見番賊，必無全軀。」相率投身于子城河内而死，至今人皆能言之。夫見危致命者，忠臣之心。視死如歸者，烈士之勇。蘄之守倅而下，寧有愧于此者。有如惠民一倉，實李守之所創，糴米三萬石。當時議者孰不曰：「此倉不可創，恐爲後人陳腐之累。」而李國録確意爲之，令歲增一萬石，以爲後人補虧之助。及蘄一破，應爲庫宇不留片瓦，惟此倉獨存。自令飢民流歸者，賴此存米，故得不死。以見憂國念民，身歿之後，人被其澤如此。嗚呼！有善不敢蔽，不善不敢匿。平時享國厚禄，一旦能以死報國家者，幾何人哉！事變已定，或反議蘄之生靈遭其荼毒，皆太守不縱其早出之過。且虜寇突至，圍遶数百匝，使如諸公之議，百姓先死于二十五日之前，而不在二十五日之後。蓋虜既臨城，出亦死，然使堅守于内，而待援兵于外，則守固未必死也。今之死，正在于外援之不至，豈應歸咎於共守而不出。況使當時城未破而先發老小，必又有張皇之責矣。天下之事，履而後知，未嘗親歷其事，其可輕議哉！此張巡、許遠之受謗，韓昌黎爲之不平也。今則與袞等二十五日調發堅守之勞不足道，闔門十五口骨肉之淪亡，與夫守倅同官全家之屠没，亦不遑恤。以至宗室、宗婦、宗女、百姓子女爲之生擒而去者，又不足言矣。惟是社稷安危之所係爲大，諸將之所誤，莫如蘄州。言之，使人痛哭不足而繼之以血。何則，使當時徐揮、常用之兵不入，則百姓各以妻孥爲念，盡力死守，豈肯一鬨而散，城固未必陷也。往者不可追，来者猶未已。虜賊固可恨，而諸將豈能使百姓無憾耶？且徐揮、常用之入城，終始七日，每以領兵欲出爲辭，恐嚇州家，邀取厚犒。暨至十六夜，領衆棄城奔遁，至於大聲疾呼，明告虜賊，令放出一條生路與我去，你自入城圖取金帛。故破城之後，有被虜人聞諸賊酋曰：「我不解便打破你城，是你大軍自棄與我。且我明日十八日也自要去了。」果有此言，則使當時徐揮、常用十六夜不棄城自遁，與夫焦思忠、張亨不畏怯走歸龍舒，則虜賊安得自有此語。今則千里之民，皇皇然若有虜寇再至之憂。且謂賊去之日，又言秋涼必爲取安慶府計，今百姓戲頞相告，咸謂兩淮自此終無寧日。由是扶老携幼，賣犢買舟，爲渡江計。又况今春虜人之破關，一日一夜之頃，行三百餘里，深入内地，如履無人之境。今長淮平坦，畧無阻礙，旁蹊曲徑，彼所盡知。城壁關隘既未盡脩，兵甲器械又未盡備，歸正餘黨所在尚存。萬一秋涼，復起覬覦，而不由關隘而由他途，則銜枚疾趍，舉足之頃入吾堂奧矣。雖有遠水，其能救近火耶？况蘄之金帛子女，不啻数萬計，虜既席捲而去，至於二郡造舟之人，與夫造弩之匠，百工技巧，悉爲生擒而行，此其爲謀必不淺矣。又聞淮之耆老皆言，虜人寇邊未有得志如今日之甚。如其狃勝而復来，遺民又無死所矣。近者流歸之民，皆感泣而来言曰：「某等與司理同死生患難，今蘄之守倅、將官、士子、百姓同時爲國就盡，獨所存者，司理一人而已。若司理緘默而不爲我已死之民直言其事，竊恐上下蒙蔽，朝廷莫知，舟爲他日之禍，而國家用將終爲此曹所誤，司理亦爲泉下之罪人矣。請與褎直書始末，以訴寃憤。欲使觀者知蘄城之陷，非郡官士民無備之罪，實皆援兵之所誤爾。」與褎災患餘死不敢爱，呼天一鳴以祈省覽，且爲他日之考證云。

跋

李茂欽死守蘄城，併毀其家，立志最堅，受禍最慘。或罪其志有餘而才不足，則亦苛矣。武定軍入城，反爲郡告示。金陵軍及境，而不恤郡急。池陽軍怯而不進。雖有張巡、許遠之才，不得霽雲、萬春之助，决不能以千人之力，守九里之郭，却数萬騎之虜矣。韓昌黎論巡、遠事，以爲當是時棄城而圖存者，不可一二数，擅强兵坐而觀者相環也。不追議此，而責二公以死守，亦見其自比於逆亂，設淫辭而助之攻也。私意妄議從古則然，要之久而自定。昌谷曹彦約讀《泣蘄録》，爲之霣涕。

按：彦約字簡甫，都昌人。淳熙八年進士，嘗從朱子講學。嘉熙初，賜謚文簡。《宋史》有傳。

蘄爲江淮要衝，被兵寇者屢矣。唐乾符間，刺史裴渥延王仙芝、黄巢入城，遂以僨事。宋之亡也，管景模以城降。明崇禎癸未，張獻忠屠城，勢如振槁。未有官民士卒戮力同心如嘉定辛巳之役者。豈非李侯忠孝悱惻，有以撫用其民，而共事諸君子素聞大義，相與助而成之也。與褒趙君効力行間，城陷之日，脱身走制帥，伏闕訴寃。

制帥令權通判，因爲此録。

痛定思痛，讀之令人流涕。然其後卒以出城追罷。《宋史》稱與褎率民兵百餘人奪關出外求援，僅以身免，盖亦非其實也。予友喻石農備閲於漢陽黄氏，予因鈔而存之，以備蘄之文獻焉。乾隆甲辰嘉平邑人陳詩跋。

附録

誥敕等官文書

嘉定辛巳八月二日壬午，褒贈立廟錫爵指揮勅送到樞密院，關樞密院奏淮西制置司申，照對近准樞密院劄子節文，據前權蘄州宣教郎安慶府太湖縣知縣劉衮狀申，開具到蘄州州縣官及因賊死難之人，劄付本司更切契勘，有無全家死難人数，保明供申。本司遵禀，行下蘄州知州，從實契勘供申去後。回據武經郎、特差淮西兵馬鈐轄、權知蘄州趙汝擢狀申，遵票專委承節郎、安慶府蘄州巡轄、權兵馬都監張偉逐一契勘去後，今據本官狀申，照得一項契勘，應宗室之家有無被害，見存嫡親人数，緣即無被擄人回，難以尋問外，有外州縣官全家死難人数，開具申州。除已行下宗室遵長司，喚上見存在上宗室契勘，别狀供申。今具下項，州司亦已具一般文狀供申樞密院，照會所據武經郎、特差淮西兵馬鈐轄、權知蘄州趙汝擢狀申備録在前。伏乞亟賜敷奏，將逐官褒贈，仍録其家，以爲忠臣死節者之勸，伏候指揮。

一、知郡李誠之與令人許氏男二機宜士允、姪九機宜士宏，二房媳婦、孫女二人、婢僕五人，全家死難。有長男偶留婺州東陽守家，見在。

一、通判秦鉅與男二人將仕、婢僕五人、私僕三人，全家死難。有男秦滋見在，任鹽城知縣。

一、忠翊郎、蘄春知縣林桀與男婦宅眷共七口，全家死難。有長男九扶護孺人靈柩先歸鄉，見存。

一、儒林郎、州學教授阮希甫與男三人、女二人、婢僕共十一口，全家死難。見有兩男在廣德軍居住。

一、迪功郎、判官趙汝標单騎在任死難。有母親、令人、宅眷併男女各一人，見在衢州，不曾在任。

一、迪功郎、知録杜諤先已身故，未離廨舍。有男三人、姪一人、孫一人、婢僕共七口死難，有女杜氏被擄走回，見存。

一、保義郎、新蘄春知縣童蒙正未交割身故。有男三人、宅眷共五口死難。有姪二人被擄走回，係童統制將帶歸濠州前去。

一、從政郎、司理趙與褒得脱性命，獨存。有孺人徐氏、縣主太保四人、妳子四人、婆婆、婢僕、安童共一十五口，全家死難。

一、迪功郎、蘄春簿主簿時鳳並孺人男女各一人、婢僕共七口全家死難。有長男一人與父甯宣義見在，寄居饒州。

一、武翼郎、駐泊都監張廣並女一人死難。有孺人一人被擄走回，見存。

一、保義郎、兵馬監押温玉、女壻、外甥、婢各一人死難。有孺人一人被擄走回，見在。

一、修武郎、兵馬都監趙師琯，全家十口死難。

一、成忠郎、在城監務梅劄，全家四口死難。

一、忠翊郎、本州監岳廟李俊全家死難。

一、承直郎、蘄口監鎮嚴剛中，係本州牒委上城死難。有宅眷與男一人、孫一人見存。

一、忠翊郎、蘄水縣尉董戭，本州牒委上城守禦，並宅眷司人共七口，全家死難。有男一人，見在建康府董各分侍下【一】。

一、秉義郎、鄂州武昌酒税安允恭全家死難。有男安邦才見在，並張氏孺人被擄走回。

一、承節郎、添差酒税朱思恭全家死難。有男朱世明見在。

一、成忠郎、嘉興府新城酒税姜應春，全家四口死難。

一、武翼郎、主管台州崇道觀景坦然全家六口死難。有孺人鄭氏、男景世隆、媳

【一】董各分侍下　明抄本、叢書集成本「董」上有「父」字。

婦郭氏共三人被擄走回，見存。

一、保義郎、本州監廟劉忱全家死難。

一、武經郎、主管台州崇道觀秦安上，全家七口死難。有兩女，兩男長秦邦俊、次秦邦漢被擄走回。

一、訓武郎、本州指使錢珪全家死難。

一、進勇副尉本州指使王明全家死難。

一、帳前佩印官、前獨木巡檢、保義郎李鈞，因差出部押犒軍官會，至張都統寨門被擄死。有孺人并男，見寄居黄梅縣。

一、進勇副尉本州使臣鄭俊全家死難。

一、迪功郎、新安慶府宿松主簿梅必勝全家死難。

一、借補迪功郎戴栩全家一十口死難。有妻李氏被擄走回。

一、高州文學祝棣、上州文學祝遂良各全家死難。

一、新三胡巡檢承信郎雍顯单騎死難。

一、迪功郎、本州監廟程思周全家死難。

一、守禦主兵官統領進勇副尉孫中、統領承信郎江士旺、統領進勇副尉李告、訓練官曹全、李稾、統領進勇副尉林安仁、統領進武校尉鄧宗、統領進義校尉王文明、統領進武校尉吴宗政各係巷戰死難。有老小男女，各在本鄉。

一、前池州醫藥飯食脩武郎戴翻，被擄走回。有妻男孫女婢僕共一十三口死難，外有長男女使安童各一人，走回。

照得寄居官李俊等一十一員，並借補戴栩、添差朱思恭，被擄走回戴翻，並難以推恩施行，及司理趙與褒因身出城，已行追罷外，正月五日三省樞密院同奉聖旨，李誠之、秦鉅各特贈五官，更特贈秘閣脩撰，仍各追賜紫章服，特與三名迪功郎恩澤，並特追封侯爵，同賜額立廟於本州。令户部各持賜銀絹二百匹兩，給付各家。李誠之妻許氏特贈令人，男士允特贈通直郎，姪士宏特贈承務郎，媳婦、孫女各特贈安人。秦鉅男秦浚瀈特贈通直郎，林棨、張廣、趙師琯各特贈三官，各特贈一子承信郎恩澤。阮希甫特贈通直郎，仍特與一子登仕郎恩澤。趙汝標、甯時鳳各特贈承務郎，各特與一子上州文學恩澤。杜鄂特贈承務郎。童蒙正特贈秉義郎。内杜鄂、童蒙正仍令本州津送各歸寄居州軍。温玉、梅訔、董戡各特贈三官，各特與一子進武校尉恩澤。嚴剛中特贈三官，特與一子下州文學。錢珪、李鈞各特贈二官，各特與一子承信郎恩澤。王文明特贈承信郎，與一子下班祗應恩澤。鄭俊特贈承信郎，特與一子進義副尉恩澤。孫中、李吉、林安仁、王文明、吴宗政各特贈承節郎，江士旺特贈三官，各特與一子下班祗應恩澤。鄧宗特贈保義郎，特與一子進義校尉恩澤。曹全、李櫜各特贈承信郎，各特與一子進義副尉恩澤。李俊、安允恭、姜應奉、景坦然、秦安上、劉忱、姜必勝、祝棣、祝遂良、雍顯、陳師周並令本州各委官以禮致祭，仍量與周給其家。添差官朱思恭亦部本州契勘，如本州係外州軍居，即與津送其歸，仍令吏部日下出給合受告焚公據，限十日繳申樞密院。勅送到禮部狀承司封關節文，准嘉定十五年正月九日樞密院劄子奏，淮西制置司申，乞將李誠之、秦鉅褒贈以爲忠臣死節者之勸。正月五日，三省樞密院同奉聖旨，李誠之、秦鉅各特贈五官，更特贈秘閣脩撰，仍各追賜紫章服，特與二名迪功郎恩澤。並特追封侯爵，同賜額立廟事。本部尋遵送太常寺詳，關内備，坐聖旨指揮施行，具狀申部去後。令據本寺申准，速送下承司封關節文。正月五日三省樞密院同奉聖旨，李誠之、秦鉅並特追封侯爵，同賜額立廟。本寺今遵依前項聖旨指揮，今擬封下項：一蘄州知郡李誠之、通判秦鉅合同賜額立廟，今欲擬褒忠廟爲額，合行降勅。一蘄州知郡李誠之合擬封二字侯爵，今欲擬正節侯，合命詞給告。蘄州通判秦鉅各擬封二字侯爵，今欲擬義烈侯，合命詞給告。所據太常寺擬封在前，伏乞朝廷取旨賜額加封施行，伏候指揮，二月四日奉聖旨，依禮部施行。

李誠之告詞

勅故承議郎、權發遣蘄州李誠之，蘄春雖介在疆埸，然所恃以爲險者，六關也。朕命憲臣往專備禦之責，而措置疏畧，負我使令。爾儒紳之望屬，分符守以孤城，而嬰虜鋒，盖亦難矣。慷慨激烈，盡其命義。闔門死難，朕甚痛之。迺加論撰，仍躐崇階。爵之通侯，廟食兹土。賞延於後，並命一時。夫忠臣之心，非慕名禄。國家之澤，當峻彝章。今密印纍纍，未足爲爾寵。將滅此讎虜，始足以慰九泉也。可特贈朝散大夫、秘閣修撰。

秦鉅告詞

勑故朝請郎、通判蘄州秦鉅，蘄春雖在介疆埸，然所恃以爲險者，六關也。朕命憲臣往專備禦之責，而措置疏略，負我使令。爾相閥之華，屬承郡事，孤城岌岌，莫抗虜鋒，能佐其長，服節守義，父子同隕，朕甚哀之。迺加論譔，仍躐崇階，爵之通侯，廟食兹土。賞延於後，並命一時。夫忠臣之心，非慕名禄。國家之澤，當峻彝章。今密印纍纍，固痛在闔門而榮在九泉也。英概如存，尚克欽心。可特贈朝議大夫、秘閣修撰。

阮希甫等告詞

故儒林郎、蘄州教授阮希甫，可特贈通直郎。故迪功郎、蘄州防禦判官趙汝標，可特贈承務郎。故迪功郎、蘄州蘄水縣主簿甯時鳳，可特贈承務郎。故承直郎、監蘄州都大監、轄蘄口鎮倉庫兼烟火公事嚴剛中，可特贈承事郎。

勑故阮希甫等，嗚呼！蘄水之禍，朕固聞之，而盡詳其人也。邊臣以名来上，則汝等皆死其職，以及其家，寃乎痛哉，一至于此耶！殆于王事，禮有加等，超昇京秩，官其後裔，忠魂如在，尚服光寵。可依前件。

李士允等告詞

故承議郎、權發遣蘄州李誠之男士允，可特贈通直郎。故承議郎、權發遣蘄州李誠之姪士宏，可特贈承務郎。

勑故李誠之男士允等，爲子姪而從宦，莫樂乎五馬之榮。汝等獨罹兵鋒，共死邊壘，京秩之賁，豈能汝榮，亦姑以塞予之悲耳。可依前件。

秦浚等告詞

故朝請郎、通判蘄州秦鉅男秦浚，可特贈通直郎。故朝請郎、通判蘄州秦鉅男秦瀶，可特贈通直郎。

勑故秦鉅男浚等，蘄春嘉郡，士大夫樂于宦游，况爲貳車之子弟哉。今或反是，汝等與罹其禍，此朕所以盡傷也。昇之京秩，尚庶幾泉下之榮。可依前件。

讀辛巳泣蘄録感賦

有客示我書一束，云是《辛巳泣蘄録》，作者曾是當時擐甲人。二十五日歷歷身所親。十萬金騎薄城下，往来硬探馳快馬。指揮將士號令明，萬人鼓噪聲震瓦。去年築惠民倉，今日泣安民堂。蠟弹一出無消息，千古同痛張睢陽。城上烏尾畢逋，深林月黑群鬼呼。我讀此編重徘徊，從来濟變非無才。他時文相囚、陸相死，煌煌兩傳勞龔開。君不見蘄州楼堞暮江曲，至今生氣凜在目。憑弔蒼茫有幾人，題詩好寄陳愚谷。黄梅喻文鏊。

謀人軍師敗則死，史傳剛存数言耳。覼縷誰述危城危，血淚淋漓補青史。憶昔嘉定十四年，净居山寺生烽烟。蘄陽二月初聞警，諸公力障江淮境。五關一破何披猖，雲車直逼羊馬墻。朝禱三清殿，夜禮孝弟王，驕兵悮我非天亡。龍舒援兵望不至，武定援兵亦奔潰，王辛袁海遠隔松陽橋。可憐一炬城堞焦，積尸林裡緑衣人，骨肉灰燼餘一身。忍死偶脱人鮓甕，傷心重對鴻雁民。同官遺骸莽烟霧，搶地招魂趙與裕。出城追罷罰已苛，奪關求援史尤誤。怯將如黽不加誅，一腔熱血洒何處？漢陽葉繼雯。

黄土關下鼓聲死，神光觀前燧烟起。渡淮直逼羅州城，一日夜行三百里。白髮太守稱能軍，白袍通判同苦辛。金汁鍋飛萬牛火，鵝車洞燒雲日昏。焚香告天天不籲，蠟丸望斷龍舒路。三角空屯朱虎兵，萬金坐索圍城賂。可憐蘄陽城，寧爲李、秦死，不作徐、常生。萬死一生趙司理，血淚淋漓書滿紙。殘燈無焰風刮天，掩卷傷心舊桑梓。君不見八字橋，應援將士斬關逃。又不見十字街，趙家抔土收遺骸。至今麟麓龍磯上，褒忠廟貌高崔巍。邑人陳詩。

宋故蘄州使君正節李侯墓表

嘉定十四年，女真寇邊，邊報至蘄州，圻守李公戒將吏僚屬，預脩戰守備。

二月甲子，敵絶淮而南，陷六關，圍黄州，蹂蘄水縣。公命出兵迎敵，遇於横槎橋，破之。居数日，敵擁衆臨沙河，經營欲渡，又破之。明日，敵兵大至，决隍水，焚戰楼，皆爲我師拒遏以退。又明日，移兵要衝，爲必渡計，我師直前奮擊，殺其渠帥一人，餘鳥獸散。敵雖屢挫，然自是謀益巧，攻益力。未幾，遂傅城下，圍之数重。敵燔吾所立柵，我師争之，殺卒数十人，奪所佩刀。

三月丙戌朔，敵攻西門，射却之，有據胡床督衆者，斃以一矢。敵造望楼以窺我，我爲疑兵以示之。既又使人来脅降吾守者，公命戮之而還其書。越二日，敵以攻具進，我亦設械禦之。長斧巨石，當者糜碎，烟焰所及，蕩爲飛埃。夜則壯士搆其營，每輒克獲。居数日，敵攻北門鋭甚，我之師縋而下，勦其人，毁其梯衝。既又迭攻吾四墉，皆敗走。前後踰再旬，卒不能得志於我。會黄州失守，復鳩其醜類以来。我之將士軍民殊死鬬，無一毫退阻意，敵技窮垂遁矣。不幸援師遷延莫至，我之叛將復導賊以登。辛丑，城陷。公與其子士允猶率衆力戰，不克死之。

嗚呼！公邈然一書生耳，使其雍容朝宁，論説古今，不過以德人莊士目之。憑危堞，嬰敵鋒，奇變捷出，若老於戰陣者。援路既窮，竟以身殉，其堂堂大節，視晋之卞侍中、唐之張睢陽，無不及焉。議者徒知公倉猝所立之絶，人而不知其積之有素也。開禧中，某與公爲僚於閩師幕府，居相鄰，游相樂也。公嘗慨然見語曰：「篤信好學，守死善道，此吾輩八字箴，特患立志非堅耳。」某敬佩其言。一日，有詒書廟堂以縻捐自誓者，公毅然正色曰：「士大夫此身，獨當爲君父死耳，可輕以許人乎？」此公仗節死義之心已定，平昔講學之素矣。及是，喟然謂其僚友曰：「吾以書生再生再任邊壘，行年七十，亦又何求？獨欠一死耳。寇至，當與同僚戮力以守，不濟，則以死繼之。」吁公之素心堅定如此，其視事勢迫不得已而死者，可同日語乎？

昔者子路問成人，孔子既以見利思義、見危授命告之矣。至其門人子張，又以見危致命、見得思義，與祭思敬、喪思哀兼言之。聖賢平日講論，必先以危亂自處。他皆言思，而此獨不言思者，豈非以死生之際，惟義是徇，不待思而决乎？此公所以自斷而不疑也。公之學主於力行而充其涵養，平居接物，容色睟穆，飲人以和，見者意消。至其論是非，辨邪正，則凛凛焉不可回奪。某久從公游，覘之熟矣。嘗竊以所謂仁以己任，死而後已者，公實有焉。使其見用於朝，居扶危持顛之地，則若汲長孺之不可招麾，蕭望之之折而不撓，皆公所優爲。惜也，巨木百圍，不得以楝楹九廟，暴風疾雨，仆之於窮山荒谷之中。自公而言，固得其所以死，而爲世道人才計者，可勝痛哉！世皆言公守圻以扞賊，有蔽遮舒巢之功。而某獨謂公之一死，足以激昂臣子之心，使知幸生不足榮，而義死不足畏。帥是以往，人人皆金城也，保全二郡，直其細耳。還視一時邊鄙之臣，盖亦惜死而逃者矣。鼠雀偷生，亦不免含愧入地，猶有餘辜。公雖没而義烈昭然，與天地日月相爲無極，是亦豈不亦深可貴耶。

始公之議守城也，通判州事秦侯鉅、教授阮君希甫實與公協同一心。其參酌籌畫，則軍事判官趙汝標、知蕲春縣林棨、主簿甯時鳳。其分任守禦，則統領孫中、江士旺、監轄嚴剛中。是数人者，職守不同，人品亦異，然皆生盡力，死盡節，無一首鼠自全者。事方急時，或説甯君出城以逭難，甯曰：「平時辱太守深知，賊至之日，携手丁寧，勉以忠義，今可負之乎？」觀甯君此言，則公之以誠與義感人，便至死不忍背者，其必有道矣。公既闔門蹈難，兄之子士洪適来省親，亦與焉。某時憂居故山，有以其事告者，悲慟久之，顧謂衆人曰：「天必不絶忠臣之後。」已乃聞其長子士昭以先返舍獲全。噫！天道之可憑若是哉！

初公爲惠民倉，屬某書其事於石。變亂之餘，公私廬舍俱蕩滅，而此倉巋然獨存，遺民来歸，賴以有濟。公雖死，其惠猶足救飢殍活生靈，可謂不仁乎！世降俗靡，士大夫以全身保家爲賢，聞公之死，相與訾議者，不可勝数。賴天子仁聖，愍書恤典，所以褒揚者甚寵。然後人知忠義之獲報，而公之道始大光明於時。故龍圖閣學士四銘袁公，既銘其藏，士明復謁某表其墓。某以爲袁公之賢其言足以信，萬古不待表而見也。獨念生平與公交踰金石，某可默無一辭。輒叙所聞與銘誌所未及者，以俟後之君子。嗚呼！公今已矣，士大夫聞風而起，豈必危難而後見哉。立朝事主，以盡忠竭節自期；涖官臨人，去苟且自警之念，則是亦公之心也。詩曰：高山仰止，景行行止。夫高山則仰之，正大光明之行則必行之，非可以徒仰而已也。有志之士，其亦勉諸。

劉昌詩撰

蘆浦筆記

胡紹文　整理

點校説明

《蘆浦筆記》十卷，劉昌詩撰。劉昌詩，字興伯，江西清江人。生卒年不詳。於寧宗開禧元年（一二〇五）登進士第，做過鹽官，嘉定七年（一二一四）任六合主簿、知縣，修纂過《六峯志》、《廣陵志續志》。

關於《蘆浦筆記》的命名，《四庫全書提要》云：「蓋其監華亭蘆瀝場鹽課時作，故以蘆浦爲名也。」然據今人李裕民考證，書以慈溪縣蘆蒲鎮爲名。《蘆浦筆記》通行本共計十卷，涵蓋和涉及的内容相當廣泛。如其自敘所言：「凡先儒之訓傳，歷代之故實，文字之訛舛，地理之遷變，皆得進其源而循其流。」書中亦頗多創見，對吴曾《能改齋漫録》的失誤多有糾正。《四庫全書提要》言此書：「其論泥軾、屏星、金根車、諸葛亮表脱句、孫叔敖碑舛訛、歐陽修誤題多心經、杜甫詩錯簡，皆有特識。」此書還保留了宋代的珍貴史料及逸聞軼事。如「糊名」、「金花帖子」和《趙清獻公充御試官日記》等對於科舉制的記載，《資政壯节王公家传》對王復的記載，可以彌補《宋史》記載的闕失。關於「粆盆」的訓釋，對於研究古代名物詞亦具有較高的價值。

本書主要版本有明穴硯齋本、《知不足齋叢書》本、清惠棟校張紹仁校本、《學海類編》本、《四庫全書》本、清蔣光煦別下齋《斠補隅録》本、《筆記小説大觀》本和中華書局一九八六年張榮錚、秦呈瑞點校本等。穴硯齋本時代較早，且刻寫精良，黄丕烈云：「穴硯齋繕寫本精妙，真無與匹也。」國家圖書館「中華再造善本」有影印本。此次整理即以「中華再造善本」所影印明穴硯齋本爲底本，參校《知不足齋叢書》本、《學海類編》本、文淵閣《四庫全書》本，并參考了中華書局點校本。

叙

予服役海陬，自買鹽外無他職事。官居獨員，無同寮往來；僻在村疃，無媢學子相扣擊。遥睇家山，貧不能挈累。兀坐篝燈，惟繙書以自娱。凡先儒之訓傳，歷代之故實，文字之訛舛，地里之遷變，皆得遡其源而循其流。苟未愜于心，則紆軫而弗敢釋。旁稽力探，偶究竟其髣髴，則忻幸亦足以樂。久懼遺忘，因併取疇昔所聞見者而筆之册，凡百餘事，稡爲十卷。有未檢證者，留俟續編。顧獨學寡識，安敢以爲是！將求印可于先覺之士，儻改而正諸，是予之願也。蘆浦乃廨宇之攸寓云。嘉定癸酉中和節，清江劉昌詩興伯叙于通山閣。

校勘記

卷第一

洪範七稽疑脱字

「乃命卜筮，曰雨、曰霽、曰蒙、曰驛、曰克、曰貞、曰悔，凡七。卜五，占用，二衍忒。」讀者皆以「占用二」作一句。《史記·宋世家》載箕子之對，謂「卜五，占之用，二衍貣」。鄭玄注曰：「卜五，占之用，謂雨、霽、圛、霧、克也。二衍貣，謂貞、悔也。兆卦之名七，龜用五，易用二。」然則卜五，占者用之，衍貣則非占也。《尚書》省去「之」字，合以「占用」爲一句，「二衍貣」爲一句，則義理明矣。

馮婦

《孟子》：「晉人有馮婦者，善搏虎，卒爲善士。則之野，有衆逐虎」云云。「其爲士者笑之。」注謂：「善士者，以善搏虎有勇名，故進以爲士，之於野外。」至今讀者以「卒爲善士」爲一句，「則之野」爲一句。以余味其言，則恐合以「卒爲善」爲一句，「士則之」爲一句，「野有衆逐虎」爲一句。蓋其有搏虎之勇，而卒能爲善，故士以爲則。及其不知止，則士以爲笑。「野有衆逐虎」句意亦健，何必謂之野外而後云攘臂也。

約法三章

「約法三章」，自班氏作《刑法志》，謂「高祖初入關約法三章」，至今以爲省約之約，皆作一句讀。予觀《紀》所書云：「吾與諸侯約，先入關者王之。吾當王關中。與父老約，法三章耳。」若以「與父老約法三章耳」八字作一句，恐不成文理。合於「約」字句斷，則先與諸侯約，今與父老約，不惟上下貫穿，而「法三章耳」方成句語。

有味其言

今人用推轂事，必連「有味其言」作一句。予觀《史記·鄭當時傳》載：「其推轂士及官屬丞史，誠有味其言之也，常引以爲賢於己。」究其文意，「有味」合句斷。蓋謂推轂者誠有味，而其言之者，常引以爲賢於己。《漢書》節去「之」字，小顔從「也」字下注，皆誤爾。不然，上下文全不相貫。

廉遠地

守氣不如守約，同係考官誤讀之病。

比見書坊時文賦，有以「上廉遠地則堂高」命題者，竊疑焉。賈誼《政事疏》：「人主之尊如堂，羣臣如陛，衆庶如地。故陛九級，上廉遠地則堂高；陛亡級，廉近地則堂卑。」師古曰：「級，等也。廉，側隅也。」恐合以「陛九級上」句斷，廉隅去地遠，則堂自高耳。

餳字出處 王楙之説較詳

《嬾真子録》載：餳字出於《六經》及《楚辭》，而獨引《周禮》小師掌教簫，注云：「簫，編小竹管，如今賣飴餳者所吹。」《招魂》曰：「粔巨籹蜜餌，有餦餭些。」注云：「餦餭，餳也。」蓋戰國時以餳爲餦餭，後漢亦謂之餳耳。今攷《毛詩·有瞽》「簫管備舉」注亦有之。豈馬大年偶忘此一處耶？

寧馨

《能改齋漫録》載：山濤叱王衍爲「寧馨兒」。王太后怒廢帝，謂：「那得生寧馨兒。」二説以爲兒非馨香者。觀其語意似不然。予讀《世説》，見晉人言多帶「馨」字。如王丞相云：「見謝仁祖恒令人得上。」與何次道語，惟舉手指地曰：「正自爾馨。」又殷中軍至劉尹所清言，殷理小屈，遊辭不已，劉亦不答。殷去後，乃云：「田舍兒强學人作爾馨語！」又桓温詣劉尹，卧不起，温彎彈彈劉枕，丸迸碎床褥間。劉作色而起曰：「使君如馨地，寧下鬭戰求勝！」又王司州乘雪往王螭許，持其臂，螭撥其手曰：「冷如鬼手馨，强來捉人臂。」觀此，則只如今人説「恁地」。

三郎

《漫録·事始門》載：唐明皇爲三郎凡五事。一、劉朝霞獻《温泉賦》云：「遮莫你古時千帝，豈如我今日三郎？」二、開元十一年置《聖壽樂》，令諸女歌舞宜春院，上親加策勵曰：「好好作，莫辱三郎。」三、明皇過華陰見嶽神，迎謁老巫阿馬婆云：「三郎在道上。」四、牛僧孺《周秦行紀》指明皇爲三郎。五、《通鑑》：每宰相奏事，睿宗輒問：「與三郎議否？」而不知尚有一處。開元中，有獻俳文於明皇曰：「説甚三皇五帝，不如求告三郎【一】。既是千年一遇，且莫五角六張。」尚有黄旛綽「三郎郎當」一語。

重五日生

《風俗通》云：五月五日生子，男害父，女害母。故田文生，而嬰告其母勿舉，且曰：「長與户齊，將不利其父母。」余攷《南史》，王鎮惡以是日生，家人以俗忌，欲令出繼疎宗。其祖猛曰：「孟嘗君以惡日生而相齊，是兒亦將興吾門。」故名鎮惡。又《北史》：齊南陽王綽五月五日生，腦不壞，死四百餘日，顏色如生。唐崔信明生時，五月五日日方中，有異

【一】求告　知不足齋本作「來告」。

雀鳴集庭樹。觀此四事，俗説可無疑矣。

射寢石

劉向《新序》載：熊渠子夜行，見寢石，以爲伏虎，射之，滅金飲羽，視而知其石也。復射之，矢摧無迹。《漢書》：李廣出獵，見草中石，以爲虎而射之，中石没矢，視之，石也。他日射之，終不能入。《世説》又云：李萬歲獵沙栅，以石爲伏兔，射之，鏃入寸餘。三事如一，而其中也，要皆出於心。故予嘗謂：「疑心一生，則屋上之弓皆爲蛇；懼心一生，則山上之草皆爲兵。」《漫録》載前二事在《類對門》，而不及李萬歲，豈偶忘之耶？

從理入口

《漢書》載：許負相周亞夫從理入口，此餓死法也，竟以不食五日而死。余觀《南史》，庾夐餓死，褚蘿善終，乃大相反。蓋夐家富於財，食必列鼎，又狀皃豐美，人謂必爲方伯。及魏克江陵，卒以餓死。有褚蘿面尖危，從理入口，竟保衣食而終。然則相法亦有時不驗。

泥軾

自《白氏六帖》、《職林》、《職官分紀》、《職源》，歷三百餘年。凡編類之書，皆以泥軾爲通判事，士夫用之，亦不知其非。今攷《前漢・黄霸傳》：别爲車，「緹油屏泥於軾前，以彰有德。」其文意蓋謂用緹油於車軾之前，以屏蔽泥污耳。劉盆子乘鮮車大馬，赤屏泥。又如王武子好馬，正旦則柳葉金障泥，及所謂錦障泥，皆此義也。

屏星

後漢孔恂爲别駕，車前舊有屏星，刺史欲去之。恂曰：「徹去屏星，毀國舊儀。」釋者無注，人不知爲何物。攷二字皆從竹，《唐韻》謂别駕車藩。《韻略》：「箳，必郢切」；「篂，先青切」。俱云車蔽當。胡文恭公《送通判詩》用屏、星韻，以屏字作上聲讀，斯可見矣。

阿字

古人稱呼每帶「阿」字，以至小名小字，見於史傳者多有之。《漢・高祖紀》武負注：「俗呼老大母爲阿負。」魯肅拍吕蒙背曰：「非復吴下阿蒙。」曹操小名曰阿瞞，唐明皇小名亦云阿瞞。鍾士季目王安豐【二】，謂「阿戎了了解人意」。阮籍謂王渾：「共卿語，不如與阿戎談。」此謂渾子戎。杜詩「守歲阿戎家」，注：「謂杜位小字也。」阿奴有五：劉尹撫王長史背曰：「阿奴比丞相，俱有都長。」阿奴，蓋濛小字也。《語林》曰：「劉真長與丞相不相得，每曰：『阿奴比丞相條達清長矣！』」齊武帝臨崩，執廢帝手曰：「阿奴若憶翁，好作梓宮。」又周謨、周仲智皆小字阿奴。梁武帝謂臨川王曰：「阿六，汝生活大可方。」王右軍問許玄度：「卿自言何如安石？」許未答，王曰：「安石故相與雄，阿萬當裂眼爭邪！」右軍道：「東陽我家阿林。」謂臨之也，仕至東陽太守。王子敬爲阿敬，王平子爲阿平，庾會小字阿恭，王詢小字阿茋。王恭曰「與阿大語」，謂王忱也。殷浩爲阿源，王胡之小字阿齡，王蘊小字阿興，王敦小字阿黑，王丞相小字阿龍，郄恢小字阿乞，王恬小字阿螭，殷顗小字阿巢，許詢小字阿訥，王處小字阿智，高崧小字阿酃，劉叔秀爲阿秀。何偃遥呼顔延之爲「顔公」，延之曰：「非君家阿公，何以見呼？」又唐王后以愛弛，因泣曰：「陛下獨不念阿忠脱紫半臂易斗麪，爲生日湯餅耶？」吐谷渾王名阿豺，以至阿香推雷車，亦有所謂阿買、阿舒、阿宣，要未能盡舉。今人稱父母兄弟尚爾，嗣有得，當續之。

阿堵

晉人稱阿堵者有三。殷中軍見佛經云：「理亦應阿堵上。」王夷甫嫉其婦貪濁，口未

【二】鍾士季　「鍾」原作「顧」，依《世說新語・賞譽》、《三國志・魏書・鍾會傳》改。

嘗言錢字。婦欲試之，令婢以錢繞牀，不得行。夷甫晨起，見錢閡行，呼曰：「舉卻阿堵物！」顧長康畫人，或數年不點目睛，人問其故，顧曰：「四體妍蚩，本無關於妙處。傳神寫照，正在阿堵中。」

生活

人言做生活有三出處。祖瑩云：「文章須自出機杼，何能共人同生活。」人問江𩅦兄弟羣從，王長史曰：「諸江皆復足自生活。」梁武帝謂臨川王宏曰：「汝生活大可方。」今言作詩，亦云「冷淡生活」。

卷第二

武成次序

武王伐殷，往伐歸獸，識其政事，作《武成》。武成，惟一月壬辰，旁死魄。越翼日，癸巳，王朝步自周，于征伐商。既生魄，庶邦冢君暨百工，受命于周。王若曰：

嗚呼羣后！惟先王建邦啓土，公劉克篤前烈，至于太王，肇基王迹。王季其勤王家。我文考文王，克成厥勳，誕膺天命，以撫方夏。大邦畏其力，小邦懷其德。惟九年，大統未集。予小子其承厥志，底商之罪，告于皇天后土、所過名山大川。曰：惟有道曾孫周王發，將有大正于商。今商王受無道，暴殄天物，害虐烝民，爲天下逋逃主，萃淵藪。予小子既獲仁人，敢祗承上帝，以遏亂略。華夏蠻貊，罔不率俾。恭天承命，肆予東征，綏厥士女。惟其士女，篚厥玄黄，昭我周王。天休震動，用附我大邑周。惟爾有神，尚克相予，以濟兆民，無作神羞。既戊午，師逾孟津。癸亥，陳于商郊，俟天休命。甲子昧爽，紂率其旅若林，會于牧野，罔有敵于我師。前徒倒戈，攻于後以北，血流漂杵。一戎衣，天下大定。乃反商政，政由舊。釋箕子囚，封比干墓，式商容閭。散鹿臺之財，發鉅橋之粟，大賚于四海，而萬姓悦服。厥四月，哉生明，王來自商，至于豐。乃偃武修文，歸馬于華山之陽，放牛于桃林之野，示天下弗服。丁未，祀于周廟。孔氏注云：「四月丁未，以日月推之，四月無丁未。蓋武王至豐告廟，乃其常事，所不必言。至于朝四方之諸侯而祀于周廟，當在五月也。」邦甸侯衛，駿奔走，執豆籩。越三日，庚戌，柴，望，大告武成。列爵爲五，分土爲三，建官惟賢，位事惟能。重民五教，惟食喪祭，惇信明義，崇德報功，垂拱而天下治。

洵直謹按：《武成》之篇，自伏生口傳，失其次序。王氏《新義》嘗加攷正，説書者愈疑。且以式者，在車所行之禮也。式商容閭，豈當在歸至于豐之後？洵直以《樂記》攷之，孔子告賓牟賈以大武遲久之意，首言久立於綴，以待諸侯之至，則庶邦冢君受伐商之命于周，乃其時也。故其克商也，有未及下車而爲之者，有下車而爲之者，有濟河而西然後爲之者，至其終也，左射貍首，右射騶虞，而貫革之射息也；裨冕搢笏，而虎賁之士説劍也；祀乎明堂而民知孝；朝覲，然後諸侯知所以臣；耕耤，然後諸侯知所以敬。以此五者爲天下之教，其先後有倫。如此則《武成》之次序可槩見矣。是以某驗之孔子之言而次第之，庶有所本云。

辨諸葛武侯疏脱誤句讀

臣亮言：先帝創業未半而中道崩殂，今天下三分，益州疲弊，此誠危急存亡之秋也。然侍衛之臣不懈於内，忠志之士忘身於外者，蓋追先帝之殊遇，欲報之於陛下也。誠宜開張聖聽，以光先帝遺德，恢弘志士之氣。不宜妄自菲薄，引喻失義，以塞忠諫之路也。宫中府中，俱爲一體，陟罰臧否，不宜異同。若有作奸犯科及爲忠善者，宜付有司論其刑賞，以昭陛下平明之理。不宜偏私，使内外異法也。侍中郭攸之、費禕，侍郎董允，此皆良寔，志慮忠純，是以先帝簡拔以遺陛下。愚以爲宫中之事，事無大小，悉以咨之，然後施行，必能裨補缺漏，有所廣益。將軍向寵，性行淑均，曉暢軍事，試用於昔日，先帝稱之曰能，是以衆議舉寵爲督。愚以謂營中之事，悉以咨之，必能使行陣和睦，優劣得所。親賢臣，遠小人，此先漢所以興隆也；親小人，遠賢臣，此後漢所以傾頽也。先帝在時，每與臣論此事，未嘗不歎惜痛恨於桓、靈也。侍中尚書，長史參軍，皆悉貞良死節之臣，願陛下親之信之，則漢室之隆，可計日而待也。臣本布衣，躬耕南陽，苟全性命於亂世，不求聞達於諸侯。先帝不以臣卑鄙，猥自枉屈，三顧臣於草廬之中，諮臣以當世之事，由是感激，遂許先帝以驅馳。後值傾覆，受任於敗軍之際，奉命於危難之間，邇來二十有一年矣。先帝知臣謹慎，故臨崩寄臣以大事也。受命以來，夙夜憂歎，恐託付不效，以傷先帝之明，故五月渡瀘，深入不毛。今南方已定，兵甲已足，當獎率三軍，北定中原，庶竭駑鈍，攘除姦凶，興復漢室，還于舊都。此臣所以報先帝而忠陛下之職分也。願陛下託臣以討賊興復之效，不效則治臣之罪，以告先帝之靈。至于斟酌損益，進盡忠言，則攸之、禕、允之任也。若無興德之言，則責攸之、禕、允等之咎，以彰其慢。陛下亦宜自謀，以諮諏善道，察納雅言，深追先帝遺詔。臣不勝受恩感激。今當遠離，臨表涕零，不知所言。

洵直謹按：《蜀志・諸葛武侯傳》載其五年所上後主疏云：「今南方已定，兵甲已足，當獎率三軍，北定中原，庶竭駑鈍，攘除姦凶，興復漢室，還于舊都。此臣所以報先帝而忠陛下之職分也。至于斟酌損益，進盡忠言，則攸之、禕、允之任也。願陛下責臣以討賊興復之效，不效則治臣之罪，以告先帝之靈，責攸之、禕、允之慢，以彰其咎。」蓋武侯以興復自任等，故以謂不效則治其罪，以告先帝之靈。若攸之、禕、允則任斟酌損益，進盡忠言而已，興復非其任也。武侯不效而遽責之，某恐三子者宜有所不服，武侯必不然也。又「至於斟酌損益，進盡忠言」，攙於武侯自叙之間，文意皆不相接續。某疑其句讀有所脱誤，而不敢以臆斷之。乃取《文選》所載武侯表較之，亦同。而李善、五臣皆無説，又觀《蘇内翰集》，見其稱武侯此表與《伊訓》、《説命》相表裏，亦未嘗疑其脱誤。然某之疑終不能釋。因於《蜀志》反復求之，乃得之於《董允傳》。云：「亮將北征，住漢中，以允秉心公，亮欲任以宫省之事。上疏曰：

『侍中郭攸之、費禕，侍郎董允等，先帝簡拔以遺陛下。至於斟酌損益，進盡忠言，則其任也。愚以謂宫中之事，事無大小，悉以咨之，必能裨補缺漏，有所廣益。若無興德之言，則戮允等，以彰其慢。』」乃知脱誤之處。兼董允止稱侍郎，蓋其本傳所歷之官也。因以武侯、《董允傳》及《文選》參而補之，遂爲全文。

右洵直，姓胡氏，字次魚，鄉曲前輩，登科，仕至别乘。胡即請改峽州印文，見《入蜀記》。

内長文

漢武帝元朔三年，詔曰：「夫刑罰，所以防姦也。内長文，所以見愛也。」張晏曰：「長文，長文德也。」師古曰：「詔言有文德者，即親内而崇長之，所以見仁愛之道。」魯氏《自備》載章子厚家藏古本《漢書》，「内長文」乃是「而肆赦」字。蓋「而」訛爲「内」，「肆赦」皆缺偏旁而爲「長文」。詔云：「其赦天下」，意甚明白。

右魯氏，字子明，自號笑塢老人，臨江鄉先生也。著書名《自備》云。

性善辨

《孟子題辭》又有外書四篇：《性善辨》、《文説》、《孝經》、《爲正》。予鄉新喻謝氏，多藏古書，有《性善辨》一帙，則知與《文説》、《孝經》、《爲正》，是謂四篇。

漢甎

曩於周益公坐間出示漢五甎，皆得於劍州梓潼縣。因記其文，公亦書于後。併録之。

謝君甎。其文云：「元和三年五月甲戌，朔，謝君久造此墓。」

按：元和之號，惟漢章帝、唐憲宗有之。憲宗之三年，其五月則壬午，朔也。而此「甲戌」，其爲漢隸不疑。

扈君甲甎。其文云：「持節使者、北宮衛令扈君千秋之宅。建武二十八年五月丙午，工李邑作。」

乙甎。其文云：「北宮衛令扈君万秋宅。」皆篆文。

漢北宮衛士令，秩六百石。以《長曆》考之，是歲壬子，下到今淳熙壬寅，一千一百二十載矣。

范君甲甎。其文云：「嗟痛明時，仲治無年。結偅孳孳，履踐聖門。智辯賜張，□噍孔言。寬博□約，性能淵泉。帶徒千人，行無遺愆。」

乙甎。其文云：「德積未報，曷尤乾巛。茂而不實，顏氏暴顛。非獨范子，古今皆然。想貌覩刑，列畫諸先。設生有知，豈復恨焉」。茂本作秀，避世祖諱。

漢范君闕旁，耕者嘗獲巨甎二，皆爲當路取去。惟拓本傳於好事之家。乙甎僅存。此范君墓中之銘。《鼂錯傳》：「公卿言鄧先。」師古曰：「鄧先猶言鄧先生也。」列畫諸先者，豈非墓中列畫古賢士，如武梁石室之類耶？先儒謂謝朓始爲誌銘，此可證其誤。

梓潼城甎。其文云：「梓潼城」。

篆文皆反，一甎之重至十□斤。歲月雖無所稽，然字畫勁奇，決非近古所能作者。

卷第三

負茲

《公羊傳》：威公十六年【一】「屬負茲」。注曰：「天子稱不豫，諸侯稱負茲，庶人稱負薪。」莫知茲爲何物。予觀《史記·周紀》：「衛康叔封布茲。」徐廣曰：「茲，藉席之名。諸侯病曰負茲。」然後知茲爲席也，與負薪蓋有等級。

折俎

《左傳》宣公十六年「定王享士會，殽烝。武子私問王召曰云云。享有體薦，宴有折俎。」襄公二十七年，「宋人享趙文子，司馬置折俎」。皆釋云：「折，之設反，體解節折，升之於俎也。」今人送餽，例用折俎，恐非此義。

潛火

州郡火政，必曰潛火。《左氏》襄公二十六年「王夷師熸」，釋「謂火滅爲熸。熸，子潛

校勘記

【一】威公　「威」係避宋欽宗諱。

反」。或者當用此字。

賢關

董仲舒《賢良策》：「太學者，賢士之所關也。」顏曰：「關，由也。」世人乃以太學爲賢關，則謬矣。

仁頻

司馬相如《天子游獵賦》「仁頻并閭」，徐廣曰：「頻，一作賓。」小司馬《索隱》音賓。顏師古曰：「即賓桹也。」今觀韓子蒼《次撫州高使者韻》凡四首，一云：「李侯梨釘座，風味勝仁頻。」乃與「雨頻頻」、「三顧頻」同押。然則恐未之攷耳。

乾鵲

《漫録·辨誤》論乾鵲音干，爲無義。《廣韻》有「鳱鵲」，亦起於後來。惟王荆公以爲虔字意，見於「鵲之彊彊」，甚爲得理。然《紺珠集》載「乾鵲」云：「鵲之别名，音干。」又何耶？

紫荷

《漫録》載劉偉明《贈熊本待制》詩：「西清寓直荷爲橐。」歐陽文忠公《回吴舍人啓》以「紅藥翻堦」對「紫荷持橐」，皆爲誤。然又引《隋志》，尚書録令、僕射、吏部尚書，朝服綴紫荷。録令、左僕射左荷，右僕射、吏部尚書右荷，以俟博識者。予攷《晉・輿服志》：「八座尚書荷紫，以生紫爲袷囊，綴之服外，加於左肩。」所謂荷囊乃負荷之荷。然則《隋志》載紫荷、左荷、右荷，要知亦是負荷，分明非芰荷之荷也。

糊名

《漫録・事始》載：「取士，至仁宗時始有糊名考校之律。」然嘗記唐武后時，以選人多不實，乃令試日自糊其名【二】，恐出於此。武后無糊名以覆試，吴曾未嘗悞也。

裴二端公

《漫録・事實門》載：鮑彪《杜詩譜》論《湘江宴餞裴二端公》及《暮秋枉裴道州手札率爾遣興》詩，皆不著裴二端公爲何人。偶讀蔣参政之奇《武昌怡亭序》，云「裴虬作銘」，又浯溪唐賢題名有「河東裴虬爲道州刺史」，始知所謂裴二端公者，虬也。以上吴説如

【二】自糊其名　「自」原作「白」，據知不足齋本、《通典》卷十五《選舉三》、唐刘餗《隋唐嘉話》改。

此。按杜詩有《送裴二虯作尉永嘉》，今《暮秋遺興》詩自有「憶子初尉永嘉去」之句，即可見也，何必他證？

振字

《漫録》載顔師古《匡謬正俗》曰：「賑濟當用振字。」《説文》曰：振，舉也，救也。諸史傳振給、振貸，並以饑饉窮厄，將就困斃，故舉救之，使存立耳。但未有所據。按：《左傳》文公十六年：楚人出師，「自廬以往，振廪同食。」注：「振，發也【三】。廪，倉也。」然則當以左氏爲證。以上吴説如此。《周易·蠱卦》：「君子以振民育德。」注：「振，濟也。」何不引此，豈偶忘耶？

山谷南還誤

《漫録·説詩門》云：山谷南還至南華竹軒，令侍史誦詩版。按：南華在韶州，屬廣東。山谷謫宜州，屬西路，且卒于宜，而曰「南還」，何耶？

《漫録》書人官位差誤

《事始門》載：「宋莒公以宋元憲爲宗衮。」今攷元憲即莒公，當作宋次道。又《地里

【三】振，發也　「也」字原脱，據知不足齋本、《春秋左傳正義》補。

門》載《閩中記》，南臺沙合出宰輔。其間舉吴丞相育、吴樞密充。《記事門》載吴侍郎待問生四子，參政育、樞密充。攷元輔表，熙寧、元豐間，充嘗爲相，而育特執政。今互言之。又《説詩門》載丞相馮當世少嘗薄遊，《記事門》云：大丞相馮當世記富家翁有宅。《記文門》云，馮當世丞相《答伯庸》詩。然當世未嘗爲相，又《事實門》載參政蔣之奇《武昌怡亭序》，而蔣未嘗參政，當作樞密。凡此，豈皆筆誤耶？

晉人弔喪彈琴作驢鳴

晉人放曠，至於弔喪亦出禮法之外。王子猷、子敬俱病篤，而子敬先亡。子猷來奔喪，都不哭。子敬素好琴，便徑入，坐靈牀上，取子敬琴彈。弦既不調，擲地云：「子敬人琴俱亡！」因慟絶良久。月餘亦卒。顧彦先平生好琴，及喪，家人常以琴置靈牀上。張季鷹往哭之，遂徑上牀鼓琴，作數曲竟，撫琴曰：「顧彦先頗復賞此不？」因大慟，遂不執孝子手而出。此二事如一。又王仲宣好驢鳴。既葬，文帝臨其喪，顧語同遊曰：「王好驢鳴，可各作一聲以送之。」赴客皆一作驢鳴。王武子喪時，名士無不至者。孫子荆後來，臨尸慟哭畢，向靈牀曰：「卿常好作驢鳴，今我爲卿作。」體似真聲，賓客皆笑。孫舉頭曰：「使君輩存，令此人死。」亦復相類。

鴈行

《禮記·王制》：兄弟之齒鴈行【四】。《史記·魏世家》：無忌謂魏王：「請爲天下鴈行頓刃。」《韓世家》：陳軫言：「必不爲鴈行以來。」索隱曰：「旅進也。」晉庾中郎與王平子鴈行。庾喬元日朝賀，不肯就列，曰：「喬忝爲端右，不能與范興話爲鴈行。」

打字

歐陽公《歸田録》云：世俗言語之訛，而君子小人皆同其謬，惟打字耳。如打船、打車、打魚、打水、打飯、打衣糧、打傘、打黏、打量、打試，觸事皆謂之打。《漫録》以釋文取偏旁證之，謂打字從手從丁，蓋以手當其事者也。此説得之矣。然世間言打字尚多：左藏有打套局，諸庫支酒謂之打發，諸軍請糧謂之打請，印文書謂之打印，結筭謂之打筭，貿易謂之打博，裝飾謂之打扮，請酒醋謂之打醋、打酒，鹽場裝發謂之打袋，席地而睡謂之打鋪，包裹謂之打角，收拾爲打疊，又曰打併，畚築之間有打号，行路有打火、打包、打轎。負錢于身爲打腰，飲席有打馬、打令、打雜劇、打諢。僧道有打化，設齋有打供，荷胡床爲打交椅，舞儺爲打驅儺。又宋歌曲詞：「打壞木樓床，誰能坐相思？」人有打睡、打嚏噴、打話、打鬧、打鬪、打和、打合（讀作閤）、打過、打勾、打了，至於打糊、打麪、打餅、打線、打百索、

【四】兄弟之齒　「弟」字衍，《禮記·王制》原文無。

打條、打簾、打薦、打蓆、打籬巴。街市戲謔有打砌、打調之類，因併記之。

籸盆

今人祠祭或燕設，多以高架然薪照庭下，號爲「生盆」。莫曉其義。予因執事合宫，見御路兩旁火盆皆疊麻籸，始悟爲「籸盆」，俗呼爲生也。

校勘記

卷第四

孫叔敖碑

楚相孫君碑，不見書撰人名氏。攷《史記》，本傳列於循吏之首，獨載改幣高梱事爲詳，而碑則略之。埋蛇陰德，僅書於劉向《新序》。屬子云云，則在《優孟傳》。然其文意皆不同。碑謂生於季末，仕於靈王。則謬矣。且莊之後爲共、爲康、爲郟敖，歷三世，凡五十年始爲靈，安得仕於靈？卒後數年，而莊復封其子耶？六一先生跋，喜其得叔敖之名，兼以集録，二十年求之博且勤乃得之，故不暇訂正耳。

周府君名

漢周府君碑，六一先生凡三四跋，最後方辨其名璟。蔣穎叔作《武溪深》。乃謂名煜，且押之韻。蓋石古剥落，以其形似，求合於君光之字，故云爾。《曾南豐集》顧云：從知韶州王之材得此碑，書來曰：「按《曲江縣圖經》，名昕。」則併與其形似而不辨，何至遽信，而以六一爲未詳攷耶？

中陽里

《漢・高祖紀》：「沛豐邑中陽里人也。」蓋里名中陽。今《漢書》標注乃題云：「沛，豐邑中。」豈公是先生誤筆耶？因以知史筆無羨字。

心經

釋氏《心經》，其中自云「般若波羅蜜多」，蓋梵語也。嘗觀六一先生《集古跋》中乃書「多心經」。經爲多心，何以爲佛？恐公誤筆爾。因書，以袪見者之惑。

夔子國

夔州，春秋時巴子國也。今人言夔州，以至文字間率曰「夔子國」，而不知其誤，往往以劉禹錫爲證。余攷禹錫之記云：「夔，子國也。」其文意謂夔乃子國，蓋是兩句。訛以傳訛，因不復辨。殊不知夔子國今實在歸州。

揚州

《廣陵志》載：揚之得名，李巡以爲江南之氣躁勁，厥性輕揚。《隋志》亦謂江都人性躁勁，風氣果決，平陳之後，頗變淳質，俗敝稍愈於古。蓋嘗疑之。禹别九州，揚居其一，歷三代、秦、漢、隋、唐，雖更徙分合不常，而名終弗易。諗如前説，則隋以前，揚人舉非良士美俗矣，是豈古先聖人所以名州之意耶？攷《太康地記》，謂東漸太陽之位，履正含文，天氣奮揚，故取名焉。余嘗爲《續志》，引斯言以冠篇首，因爲一洒躁勁輕揚之耻云【一】。

巴丘

《漫録·地理門》載：「巴丘縣以巴山得名，縣有巴山故也。巴丘，晉屬廬陵，梁改置巴山郡。隋以來稱崇仁，以鄉得名，今撫州崇仁縣是也。」以上吴説。予按：《臨江志》：「建安四年，孫策下豫章，分置廬陵郡，以孫賁爲豫章太守，孫輔爲廬陵太守，留周瑜鎮巴丘。」裴松之注云：「巴丘縣。」前説謂晉屬廬陵，固無異矣。然《九域志》以新淦縣爲古巴丘城，《輿地志》又以吴後主分石陽、新淦兩縣，置巴丘郡。隋平陳，開皇九年，章洸巡撫東南，遂廢巴丘郡，復以新淦屬廬陵。今縣南八十里峽江市有古巴丘廢城，六十里間有周瑜廟。舊經載瑜歸江陵，治行於巴丘，病卒，後人因祠之。然則巴丘在新淦明矣，豈崇仁又一巴丘耶？然皆謂屬廬陵，又何也？或云：吴取荆州，周瑜鎮巴丘，乃今岳州巴陵郡。姑存之，以俟博古者訂焉。

【一】輕揚之耻　「揚」字原脱，據知不足齋本補。

賢女鋪

《漫録》載南康有賢女鋪，蓋祥符間女子，姓劉氏，夫死誓不再嫁，父兄强之，因自沉於水，鋪因得名。然予嘗過之，壁間有碑記，其大略似謂初嘗議昏，已定而夫家貧，父兄悔之，别以許人，女曰：「一身而二適，雖未嫁，柰節何！」父兄强之，乃溺死。亦云舊名貞女，全與此不同。豈信傳聞之誤耶？

餘干

饒之餘干号干越，攷《閩粤王傳》，無諸、摇皆勾踐之後。秦并天下，以其地爲閩中郡。諸侯畔秦，無諸、摇率粤歸番陽令吴芮。又《嚴助傳》淮南王《諫伐閩越書》云：「越人欲爲變，必先由餘干界中。」韋昭注：「越邑，今鄱陽縣也。」干越得名以此。而餘干之名縣，不書所由起。按：玉山縣有二溪，名上干、下干，合流至饒之東南，而水回環，因以名縣餘干是也。

干越

干越之名，以干溪入越地，無以議爲也。荀子云：「干越夷貉之子」，則有疑焉。《春秋》定公五年書「於越入吳」，注云：「於，發聲也。」《史記》又書爲「于越」，注云：「發聲也。與『於』同。」然則「于」、「於」皆越人夷語之發聲，猶吳人之言勾吳耳。予謂此干越，恐合是于越。

管名

四明奉化縣凡八鄉【二】，鄉皆有一管名。如曰廣平、松賢、履信、鳴鴈、黄甘、嵩溪、靈泉、棲鳳，他處未聞也。

堯廟

桂林有堯、舜廟。堯廟在堯山下，灕江中分。舜廟在西岸相望。而有碑刻高崖，韓雲卿文，韓擇木八分書，李陽冰篆額。蓋舜葬蒼梧，故於此立祠，無可疑者。堯廟則謂因山而立，郡每歲於水際望祀。南軒先生亦有《祠唐帝詞》云：淳熙四年，靜江守臣張栻，既新陶唐帝祠。二月甲子，率官屬祇謁祠下，再拜稽首。退而歌曰：「溪交流兮谷幽，山作屏兮曾丘。皇胡爲乎于此留？藹冠佩兮充庭，潔芳馨兮載陳。純衣兮在御，東風吹兮物爲春。皇之仁兮其天，曰時序兮何言。出門兮四顧，渺宇宙兮茫然。」南軒是時毀諸淫祀，而獨留此二廟，且修之。抑不知當攷證其所始乎？蓋堯未嘗至南方，若因山而祀，則

【二】八鄉　「八」原作「七」，據傅校本和中華書局點校本改。

予曩遊桂林，大抵回環之山皆積石，惟堯山則累土，故此山因土而名垚，恐非陶唐氏之堯。若廟而祀之，特此山之神可矣。若曰唐帝，恐成附會，故願與博古者評之。

荆佽飛廟

四明城北，鹽倉之西，有荆佽飛廟，無碑載神姓氏。攷《淮南子》，荆有佽非，得寶劍於干隊【三】。還渡江，中流暴風揚波，兩蛟夾舟。佽非謂枻船者曰：「有如此而得活者乎？」曰：「未嘗見也。」於是佽非瞋目攘臂，拔劍曰：「武士可以仁義説，不可刼而奪。此江中之腐肉朽骨、弃劍而已，余又奚愛焉？」赴江刺蛟，遂斷其頭。舟人盡活，荆爵爲執圭。孔子聞之曰：「夫善戰腐肉朽骨、弃劍者，佽非之謂乎？」今廟稱荆佽飛侯，《圖經》亦謂州北有蛟池。故老云：嘗有蛟自江來，窟於此，人患之，故即其旁立佽飛廟以鎮之。是則真以爲荆之佽非矣。然予觀《吕氏春秋》，荆有勇士次非，蓋是姓次名非，豈應以神姓名爲廟号，而況加爲侯封哉？且「次」與「佽」、「非」與「飛」，字皆不同。而好事者附會斬蛟之説，以「鎮蛟池」强名之。傳流至今，載在祀典，竟未有辨之者。《漢·百官公卿表》，武帝太初元年，更名左弋爲佽飛，掌弋射。則佽飛之名實始於此。又《宣帝紀》，神爵元年，發應募佽飛射士，服虔亦謂以材力名官。若據建隆中鄞令金翊《纂異記》，謂唐武德時，郡爲鄞州。至開元中，改鄞爲明，郡名奉化，城號甬東，地名句章，軍號

【三】干隊　「隊」字原脱，據知不足齋本、《淮南子》卷十二《道應訓》補。

佽飛。則此廟必因軍將之有功於人，故人爲之祠爾。官于此者，合討論而正其名，庶幾神亦歆其祀也。

草鞋大王事

紹興癸丑，予客淮南。時右司陳子長損之，蜀人也，以庾節攝楚州。往訪之，從容言及蜀道上有百年古木，枝葉蘩茂，陰可庇一畝。故東西行者多憇其下，或易屝屨，則以其舊抛挂于枝上以爲戲。久而積千百緉。亦有卜心事者，往往皆應，人固神之。忽一士人應舉過之，旁無人焉，取佩刀削樹皮書曰：「草鞋大王，某年月日降。」莫有知者。洎回塗，則已立四柱小廟堂矣。士笑而不言。三年再至，則祠宇壯麗，亦有十數家于側。驚而問焉，則備言其靈感。士乃留宿而扣神曰：「神之號，蓋某戲書，胡然而至此盛耶？抑神何人也？」是夕，夢神紫綬而請見，告之曰：「予比近老鋪兵也。平生不敢欺心，揀汰之後，每見負重而不能前者，因爲送五里以息其肩，無他長也。不謂上帝録是勞績，顧未有所處，得先輩書此號，遂受勑，俾血食。」士曰：「若何爲而能靈感【四】？」神曰：「是非予所能也。每有禱雨暘，或休咎，即爲奏帝，帝以其誠，隨扣得請爾。」士曰：「然則某之前程可問乎？」神曰：「諾。」再夕，夢神告曰：必俟某年而後登第，當至何官。已而皆驗。然則神亦何常之有？人苟有一善，上帝無不録之，積惡亦然，可不知所擇哉！

【四】若何爲而能靈感　「能」字前原衍一「靈」字，據知不足齋本删。

卷第五

趙清獻公充御試官日記

二月二十六日。宣赴崇政殿後水閣，同直孺内翰、直孺姓胡氏，名洵，此則賈公黯也。貫之雜端充編排官。御前劄子三道下編排所。

二十七日，晴。上御崇政殿，試進士、明經諸科舉人。《王者通天地人賦》、《天德清明詩》、《水幾於道論》。出老子《道經》。聖駕幸後苑，往來迎駕。御藥院公文二道，傳宣精加考校。内臣二人傳宣賜食并酒。編排三四五等第一百二十七等。

二十八日，晴。内臣傳宣賜文儒二字。聖駕卯刻幸考校所。編排經生：特奏《毛詩》十一人，特奏《尚書》九人，特奏明法四人。傳宣賜食二酒一茶。

二十九日，陰，旬休。傳宣賜酒食七寶茶。初考經學官：王惟熙、祝諮、夏璋。覆考經學官：王彭、張兑、朱從道。詳定官：賈壽、吴中復。封彌官：傅求、王陶。出義官：王逢、傅卞、盧士宗。

三月一日，微寒，風。聖駕幸考校所，起居四拜。編排諸科卷子。宣賜酒食果子。

二日，晴。聖駕幸覆考所，起居。考到諸科卷子。

三日，晴，上巳日。聖駕幸覆考所，起居。賜上巳酒各二，果子一。

四日，微雨，春寒。聖駕幸覆考所，起居。賜酒食果子。

五日，陰寒。駕幸覆考所，起居。宣賜酒食果子。第一謂學識優長，辭理精絶，出衆特異，無與倫比。第二謂才學該通，文理周密，於群萃中堪爲高等。第三謂業藝可采，文理俱通。須合得及第者。第四等謂藝業稍次，文理粗通。於此等中仍分優劣，優即爲第四等上。第五等。須必然合落者。不考。紕繆。

六日，陰寒。駕幸詳定所，起居。點檢官：孫坦、鄭穆。進士初考官：沈遘、司馬光、裴煜、陸經。進士覆考官：祖無擇、鄭獬、李綖、王鱗。點檢官：孫洙、王廣淵。詳定官：楊畋、何郯、王安石。對讀官：胡稷臣、蘇衮、傅堯俞、張次立、宋迪、周孟陽。特奏名進士三十八人。《作樂薦上帝詩》、《謹用五事以明天道論》。編排特奏名進士卷子。賜酒、果，寒食節食。

七日，晴。駕幸詳定所，起居。賜寒食節上酒各二壺，果子一合。又酒、果、冷食。編排進士卷子共一百號，特奏名一號。

八日，晴。駕幸編排所，起居訖。進呈進士卷子二道。御藥院録白中書劄子，進士以下等第云云。編排進士諸科等卷子。賜食酒果。

九日，清明，雨。奏乞送熠字號卷重詳定。封彌關詳定五號，奏取旨。御藥院關奉聖旨看詳定奪靹、鑣、蜕、觪、虭五號等第。賜酒食果子。

右日記一卷，予家寶藏，蓋清獻趙公手書也。公時爲右司諫，直孺則翰林學士，賈公黯貫之則侍御史，知雜事范公師道也。按：嘉祐六年，昭陵在宥已四十春，而猶垂意科選，親屈翠華，以次臨幸，雖上巳、寒食休暇之辰，孜孜不廢。且訓敕勞賜，無日無之，可謂至誠不息者矣。嘗攷國史大中祥符元年書：「帝徧至考官幕次，諭李宗諤等各務精詳，勿遺賢俊。」四年書：「帝徧至幄次。」天禧三年又書：「帝幸考校官幕次，撫問久之，出七言詩賜晁迥等。」今日記所書幸考校所者二，幸覆考所者四，幸詳定所者二，幸編排所者一，是皆恪守孫謀而又加詳焉。於戲，盛哉！宜乎天佑生賢，名臣輩出，坐致太平，而又留爲奕世不窮之用。近時御試幕次在集英殿門之前，不復在殿後，而駕幸之儀，敻無有知之者。蓋其廢已久。則此記所補，豈獨文字之間而已！因備録之。

金花帖子

唐進士登第者，主文以黄花牋書其姓名，花押其下，使人持以報之，謂之「牓帖」。當時稱爲「金花帖子」。國初尚循其制。予家藏王扶、龔識二帖拓本，帖皆長五寸許，其闊半之。龔識又有大護帖，復書姓名於帖面。攷《登科記》，蓋太宗端拱元年程宿牓，扶第二人，識第十四。其下花押二：一翰林學士尚書、禮部侍郎知貢舉宋白，一職方員外郎、知制誥權知貢舉李沆。後臨軒唱名，此制遂廢。周益公家亦有咸平二年盛京所得者，其他不特未之見，久而湮没，知之者亦鮮矣。嘗觀《開元遺事》載：新進士及第，必以泥金帖子附家書，謂之「喜信」。是又見昔人之風範也。

卷第六

金根車

崔豹《古今注》云：金根車，秦製也。秦并天下，閱三代之輿服，謂殷得瑞山車，一曰金根，故因作爲金根之車。秦乃增飾而乘御，漢因不改。《晉·輿服志》載：金根車，天子親耕所乘，置耒耜於軾上，乃知是車蓋耕車也。及攷《東京賦》有農輿路木。薛綜注曰：「此所謂耕根車。」然則金根、耕根，其名又異矣。唐莊懿公主下嫁田緒，德宗幸望春樓餞之，厭翟敝不可乘，以金根車代之。公主下降乘金根車【一】，自此始。豈非去古遠而意愈失耶？韓昶爲集賢校理，史傳中有説金根車處，皆臆斷之。曰：「豈其誤歟？必金銀車也。」悉改「根」爲「銀」。至除拾遺，果爲諫院不受。昶，文公之子也，而不知古，抑又可歎。國史《輿服志》載耕根車制，「如五輅之副，駕六青馬，駕士四十人」。而以金根車爲皇后之車，或者因唐以代厭翟，不復攷古而分爲二爾。

校勘記

【一】下降　知不足齋本作「出降」。

季子碑

京口有十字碑，世傳爲孔子書，曰：「嗚呼，有吴延陵季子之墓。」而「季」字作「罥」。予攷篆文皆無之。得曾旼元豐中編《潤州類集》，乃曰「君子之墓」。後湖居士李仲殊《題季子廟》詩，亦曰「溪邊君子墓」。始悟爲君字，非季字也。六一先生謂古以竹簡書，今字闊盈尺，必非孔子作。然古法帖有魯司寇仲尼書，僅存十有二字，内有「有吴君子之」五字，與此碑字畫如一。或者後人衍此題墓上，要知夫子蓋嘗爲是書爾。

瘞鶴銘并序　華陽真逸撰

鶴壽不知其紀也。壬辰歲得於華亭，甲午歲化於朱方。天其未遂吾翔寥廓耶，奚奪之遽也。乃裹以玄黄之幣，藏乎兹山之下。仙家有立石旌事，篆銘不朽。辭曰：「相此胎禽，浮丘著經。乃徽前事，出於上真。余欲無言，紀爾歲辰。雷門去鼓【二】，華表留聲。我唯髣髴，爾亦微冥。爾其何之，解化惟寧。後湯洪流，前固重扃。口割荆門，未下華亭。爰集真侶，瘞尔作銘。

上皇山樵人逸少書

——山徽士丹陽外仙尉江陰真宰立石【三】

【二】雷門去鼓　原作「玄門去轂」，據知不足齋本改。

【三】江陰　「陰」原作「舉」，據知不足齋本改。

又　華陽真逸撰　上皇山樵□

鶴壽不知其紀也。壬辰歲得於華□，當爲亭，甲辰歲化於朱方。天其未遂吾翔□當爲寥廓耶，奚奪□□□遽也。迺裹以玄黄之幣，藏乎兹山之下。仙家無□□□□我竹此字不完故立石旌事，篆銘不朽。詞曰：

相彼胎禽，浮丘□□，余欲無言，尔□□□，□□當有雷門二字去鼓，□當爲華表留□，□當爲形義惟髣髴，事亦微冥。尔將何之，解化□□。□□□入。不完□□惟寧。後湯洪流，前固重扃。右害并尸ナ氵乂六字不完，□□□□□□□華亭。爰集真侣，瘞尔。闕字或文但止於此，未可知也。丹陽真宰。此四字不知其次。

右前文，鎮江別刻，不知何人攷定。後文乃邵樞密亢，就山下取所有字，以意櫽括，故存其闕。雖有差異，亦可參訂。但前云逸少書，《圖經》亦載羲之書，六一先生已論其非。至謂或云顧況作銘，蔡端明則以字有楷隸筆，當是隋代書。而山谷乃斷然曰王書不疑。何耶？今攷銘引雷門鼓事，按《臨海記》，昔有晨飛鵠入會稽雷門鼓中，於是鼓聲聞洛陽。孫恩斫此鼓，鶴乃飛去。恩起兵攻會稽，殺逸少之子凝之，蓋在安帝隆安三年，斫鼓必此時。豈復有羲之？誰肯遽取以爲引證哉！然則非晉人文，不辨可知矣。漁隱攷訂華陽真逸爲陶隱居，推原本末，或庶幾焉。

六合大同印

嘉泰壬戌，予道經姑蘇，於常賣翁得故紙一幅。陳黦破碎，上有印文，方四寸餘，朱色未落，云「六合大同之印」。按《鄴侯傳》，唐肅宗在靈武徵天下兵所鑄。頃嘗收拓本漢甄上刻此篆文。本朝丞相李昉書其下，謂家藏是印，久而失之。蓋乾德乙丑歲也。

屏著

《詩》曰「俟我於著乎而」，毛氏謂「門屏之間曰著」。《論語》：「邦君樹塞門。」鄭氏謂「於門，樹屏以蔽之」。《爾雅》亦曰「屏謂之樹」。至於「蕭牆之內」，注曰：「牆，謂屏也。」蓋古者門皆有屏。《禮緯》曰：「天子外屏，諸侯内屏，大夫以簾，士以帷。」簾、帷雖非屏，然以之爲蔽限，亦屏之義。今人稱士夫之家，必曰門牆，曰屏著，是矣。然多曰台屏，從平聲，蒲丁切。則乃指屏風而言，何不思之甚也。因書以辨之。

紫微王舍人夢

淳熙辛丑，王公清叔帥桂林，予客焉。暇日，因語及自合肥丁憂歸天台，杜門窘用。一夕，夢吏請料曆支俸。詰之曰：「解官何繇得俸？」吏曰：「已出在外廊，試取曆授之。」有頃，持曆來，示所批，陳白金六小鋌于前而去。寤，竊怪之。未幾，有自遠方惠書致餽者，啓而視之，與夢無差【四】。予嘗服膺是事，臺餽往來，世固有之，而冥冥之中已批料曆，則是銷折平生合得之物。彼貪者多取以爲巧，而不知其曆將特批、屢批，不一批矣。故常與士夫誦言之，且書之。

四明寺

四明僧廬在六邑，總大小二百七十六所。只鄞一縣，城内二十六，城外八十。天童日飯千僧，育王亦不下七八百人。行去聲僕稱是。天童歲收穀三萬五千斛，育王三萬斛，且分布諸庫，以罔民利。等而下之，要皆有足食之道。嘗觀唐武宗時廢浮屠法，天下毁寺四千六百，招提蘭若四萬，籍僧尼爲民二十六萬五千人。今以一郡會之，真有是哉！

佛牙

《四明圖經》載：昌國縣九峯山吉祥院有辟支佛牙一枚，長四寸，闊一寸，舍利綴滿。乃建炎初給事中黄龜年所施。竊計之，人長五尺，兩牙不能半寸。今一牙長四寸，上下相合必倍之，則佛須身長八丈，方能容八寸之牙。常聞佛號丈六金身，此乃五倍，恐無是理。黄給事何自得之而信之、而施之耶？世有趙鳳，必能驗真僞而斧之矣。

【四】與夢無差　「與夢」原作「夢與」，據知不足齋本乙正。

【五】和爲元　「元」字，知不足齋本、《學海類編》本、《四庫全書》本均作「丸」，犯宋欽宗趙桓嫌名諱。

喘藥方

先君嘗施喘藥。蓋用麻黄三兩，不去根節，湯浴過。訶子二兩，去核用肉，二味爲麄末。每服三大匕，水二盞，煎減一半，入臘茶一錢，再煎作八分熱，服無不驗者。後於彭子壽侍郎傳一方，用新羅參一兩，作細末，以生雞子青和爲元【五】，如梧子大，陰乾。每服百粒。温臘茶清下，一服立止。嘗見知臨江葉守端卿，言其祖石林病此，專服大黄而愈。其尊人亦苦此疾，乃純用附子，至某則非麻黄不可。然則又觀其所禀如何。且自謂其女幼年已喘，傳至四世而用藥皆不同。

卷第七

比事

《漫録》取「類對」爲一門，然經傳中可類者多矣。姑以《史記》有八事相比，因記之。《宋世家》：「熒惑守心。心，宋分野也。景公憂之。司星子韋曰『可移於相』。公曰：『相，吾之股肱。』曰：『可移於民。』公曰：『君者待民。』曰：『可移於歲。』公曰：『歲饑民困，吾誰爲君？』子韋曰：『天高聽卑。君有君人之言三，熒惑宜有動。』於是候之，果徙三度。」

《楚世家》：「昭王病於軍中，有赤雲如鳥，夾日而蜚。王問周太史，太史曰：『是害於楚王，然可移於將相。』將相請以身禱於神。王曰：『將相，孤之股肱也。今移禍，庸去是身乎？』弗聽。卜而河爲祟，大夫請禱。王曰：『自吾先王受封，望不過江、漢，而河非所獲罪也。』不許。孔子在陳聞之，曰：『楚昭王通大道矣。其不失國，宜哉！』」《楚世家》：「伍舉曰：『願有進。』隱曰：『有鳥在於阜，三年不蜚不鳴，是何鳥也？』莊王曰：『三年不蜚，蜚將冲天；三年不鳴，鳴將驚人。』」

《淳于髠傳》：齊威王時，喜隱。「髠説之以隱曰：『國中有大鳥，止王之庭，三年不蜚又不鳴。王知此鳥何也？』王曰：『此鳥不蜚則已，一蜚冲天；不鳴則已，一鳴驚人。』」

《韓非傳》：「秦王見《孤憤》、《五蠹》之書，曰：『嗟乎，寡人得見此人，與之游，死不恨矣。』李斯曰：『此韓非之所著書也。』非使秦，秦王悦之。」

《司馬相如傳》：「上讀《子虚賦》而喜之，曰：『朕獨不得與此人同時哉！』得意曰：『臣邑人司馬相如自言爲此賦。』上驚，乃召問相如。相如曰：『有是。』」

《孫子吴起贊》：「『能行之者未必能言，能言之者未必能行。』孫子籌策龐涓明矣，然不能蚤救患於被刖。吴起説武侯以形埶不如德，然行之於楚，以刻暴少恩亡其軀。悲夫！」

《白起王翦贊》：「鄙諺云：『尺有所短，寸有所長。』白起料敵合變，出奇無窮，聲震天下，然不能救患於應侯。王翦爲秦將，夷六國，當是時，翦爲宿將，始皇師之。然不能輔秦建德，固其根本，偷合取容，以至圽身。彼各有所短也。」

《白起傳》：「武安君引劒將自到，曰：『我何罪于天，而至此哉？』良久，曰：『我固當死。長平之戰，趙卒降者數十萬人，我詐而盡阬之，是足以死。』遂自殺。」

《蒙恬傳》：「恬喟然太息曰：『我何罪於天，無過而死乎？』良久，徐曰：『恬罪固當死矣。起臨洮屬之遼東，城塹萬餘里，此其中不能無絶地脈哉。此乃恬之罪也。』乃吞藥自殺。」

《孟嘗君傳》：「齊王毀廢孟嘗君，諸客皆去。後召而復之，馮驩迎之。孟嘗歎曰：『文常好客，遇客無所敢失，食客三千有餘人，先生所知也。文一日廢，皆背文去，莫顧文者。今賴先生得復其位，客亦有何面目復見文乎？如復見文者，必唾其面而大辱之。』驩曰：『君之言失。富貴多士，貧賤寡友，事之固然也。君獨不見夫朝趨市者乎？明旦，側肩爭門而入，日暮之後，過市朝者掉臂而不顧。非好朝而惡暮，所期物忘其中。今君失位，賓客皆去，不足以怨士而徒絶賓客之路。願君遇客如故。』孟嘗君再拜曰：『敬從命矣。』」

《廉頗傳》：「頗之免長平歸也，失埶之時，故客盡去。及復用爲將，客又復至。頗曰：『客退矣！』客曰：『吁，君何見之晚也！夫天下以市道交。君有埶，我則從；君無埶，則去。此固其理也。有何怨乎？』」

《豫讓傳》：趙襄子滅智伯，讓乃變名姓爲刑人，入宮塗厠，中挾匕首，欲以刺襄子。襄子如厠，心動，執問。則内持刀兵，曰欲報仇。

《張耳傳》：上從東垣還，過趙，貫高等乃壁人柏人，要之置厠。上欲宿，心動而去。

《欒布傳》：「復爲燕相，燕齊之間皆爲立社，號曰『欒公社』。」

《萬石君傳》：慶「爲齊相，舉齊國皆慕其家行，不言而齊國大治，爲立石相祠」。

啓母石

漢武帝元豐元年詔云：「見夏后啓母石。」師古曰：「啓，夏禹子也。其母，塗山氏女也。禹治鴻水，通轘轅山，化爲熊，謂塗山氏曰：『欲餉，聞鼓聲乃來。』禹跳石，誤中鼓，塗山氏往，見禹方作熊，慙而去，至嵩高山下，化爲石，將生啓。禹曰：『歸我子。』石破北方而啓生。事見《淮南子》。」予觀《漫録》載廣德軍祠山張王事正相類。王本前漢吴興郡烏程縣横山人，始於本郡長興縣順靈鄉發迹，役陰兵導流，欲抵廣德縣。故東自長興荆溪，疏鑿聖瀆。先時，與夫人李氏期：每餉，必鳴鼓三聲而王自至，不令夫人至開河之所。後遺飯於鼓，乃爲烏啄。王以爲鼓鳴而餉至，詣鼓壇，知烏所誤。逡巡，夫人至，鳴鼓，王以爲誤而不至。夫人遂詣興工之所，見王爲大豬，驅役陰兵開鑿河瀆。王變形未及，恥之，遂遯於廣德縣横山之頂。居民思而立廟於山西南隅。夫人至縣東二里而化，人亦立廟。

僊卜

開禧乙丑，予竊太常第。㔉頭毛自知同在期集所，從容問及預有朕兆否？曰：「無之。」獨僊卜陳省幹者，自應舉以至於省試，皆以魁相許，而皆不驗。唱名前一日，扣之，乃大書一「魁」字，即以墨塗去。續書「默而識之」四字。詰朝，果在第一。予初料墨塗者，不欲泄爾。閱三年，有旨降五甲，豈非前定乎？嘗記政和中，有觀妙明真洞微先生王老至，喜言人休咎。編修王甫問他日所至，書「太平宰相」四字遺之，而以墨塗滅其字。後甫敗，方悟其意。甫即黼也。事有相類如此。

卷第八

至和拜相制

門下。朕寅奉丕圖，思臻至治。總萬機而日慎，舉盛典以交修。期與輔臣，底寧繇寓。其有翼宣王度，裁成物宜。燮陰陽之和，處丞弼之任。式資宰茂，秉于大鈞。矧嘗選材，久兹著效。爰登中鉉，敷告外庭。推忠佐理功臣、正奉大夫、尚書工部侍郎、參知政事、上護軍、彭城郡開國侯、食邑一千八百户，食實封二百户，賜紫金魚袋劉沆，雅性内融，敏識先覺。以冲約而率履，不夷險以易心。文成國華，學臻道奧。樂名教以爲己任，罄智慮以翊帝謨。廼者擢自書林，更於右史。亟升西掖，出守南州。屢换圭符，實宣精力。屬中都之擇尹，正内閤以參華。幾律未周，風績彌著。式圖寅亮，用贊謨明。俾佐股肱之良，參斷邦國之務。具瞻斯屬，嘉猷誕彰。進聯右輔之崇，允協庶邦之望【一】。兼榮書殿，仍峻貴階。增勳級與褒功，益爰田及真食。於戲！贊萬樞之重，允賴於忠純；底率土之和，必資於英傑。當申茂略，以恢遠圖。可特授金紫光禄大夫、依前行尚書工部侍郎、同中書門下平章事、集賢殿大學士，加上柱國，仍進封開國公，加食邑一千户，食實封

校勘記

【一】允協　原倒作「協允」，據知不足齋本乙正。

四百户，賜推忠恊謀佐理功臣封如故，主者施行。

右制書，至和元年中秋日下，趙槩視草。公之元孫石城尉德循實寶藏之。周益公嘗書其後云：「制詞與今實録所載不同，多爲史官潤色，惟不改『雅性内融，敏識先覺』八字。此殆後世公議，非一時褒語也。」又云：「制當用綾紙十八幅，今十二幅之下脱兩幅。」因併録之。

資政莊節王公家傳

公諱復，字景仁，淄州淄川縣人。曾祖昊，國子博士。祖珍，尚書虞部員外郎。父愈，澶州濮陽縣令，贈光禄大夫。公少好讀書，博通史傳，慷慨有氣節。家有唐以來名臣畫像，每指顔杲卿像謂人曰：「士當艱難時，捐軀狥節如顔公，始無愧於天地之間矣！」以門蔭補官，試大法中選，授大理評事，遷本寺丞。公家故饒財，不樂私蓄，嘗率其里之貴豪，遇郊祀歲，各輸銀絹十萬以助賞賚，郡國效之。公亦未嘗有希恩意。久之，除京東輦運，遷京東路轉運判官。按屬部，道過淄州，父老迎候，公下車慰謝。先是，淄民多苦調外苛征。公嘗與父老言：「他日或能奏蠲之。」至是以白公，公曰：「官卑不敢言，然重食吾言，以爲父老羞。敢以私田之入代輸。」三年，除兩浙轉副運使。

時太平日久，民不知兵。方臘初叛，所遇守將望風奔駭。公下令所部嚴堡壘、修戰備、竭力討賊，屢戰有功。賊平，擢猷徽閣待制，遷都轉運使。朱勔以花石奉艮嶽，多取漕艦以載，號「直達綱」。公曰：「今盜起倉卒，飛輓繁困，而佞幸之徒，猶實苑囿以惑上心。」固執不與。勔力譖於上，公上疏奏謂：「不可以不急之務，疲民費財，請一切罷之。」歲餘，除知潁昌府，移陝府。陝右民號難理。公至，開布威信，不兩月大治。民皆悦服。擢龍圖閣直學士，以公事忤宰相王黼，降充龍圖閣待制，移知成都府。興利去害，治與陝等。民繪像立祠，刻石紀異。

高宗皇帝即位，詔公知徐州。明年，北胡犯順，粘罕以衆數萬寇徐，徐城孤埶危。公領兵合戰，數不利，遂閉城拒守。虜重圍夾攻，晝夜不息，城中兵糧單竭，死者甚衆。虜埶益張，凡二十餘日，城陷。公躬擐甲胄，巷戰竟日，度不能禦，乃反州治，易朝服，南鄉再拜曰：「臣受國厚恩，當以死報。今知死所矣【二】！」且謂賊曰：「死守者，我也。監郡而次亡與焉，可獨殺我，而舍僚吏與百姓。」虜雖悍狡，聞公言亦凜然歎異，曰：「若使南朝皆如公【三】，我輩豈得至此，今汴京已陷，二帝已北去，公尚爲誰守乎？」公罵不絶口。虜復説曰：「必欲全活生靈，請立降，當爲易官封，命汝就知此州，以撫殘民。」公曰：「虜賊毋誘我。吾誓有死耳。」虜察其無降意，命左右撾其口，流血盈襟。公猶含血噀之。子倚在旁，不勝憤怒，突出見粘罕，顧手無挺刃，得布囊盛塼擲之，力少差，中其旁千户長，斃。粘罕怒，即執倚，刳其心以祭千户長，欲懼公以速降。公不顧，爲虜献死，闔門百口俱遇害。

【二】今知死所矣　知不足齋本作「今日得死所矣」，於意爲長。

【三】若使南朝皆如公　「使」字原脱，據知不足齋本補。

時建炎三年正月二十九日也。

帳下趙立求得公屍，拜伏慟哭，裹以裀褥【四】，藁瘞於黃樓側，累甓成塚以識之。復擁兵守禦，撫定其衆。虜退，朝廷就命立知徐州。立具奏其事，天子震悼，詔特贈資政殿學士，謚「莊節」，給恩澤五資，賻贈絹布各二百疋。

初，公之未遇害也，筮而遇乾，六體不變。術者曰：「滅門之象也。國家運數方屯，待制宜早爲計。不然，將及於難。」公曰：「死生定數也。等死，苟獲死所，敢逃乎？」卒時年五十二。虜初薄城下，民不得逃，公陰令間道潛行，得脱者數千人。徐人立廟祀公及倚，亦呼爲「雙廟」。有禱輒應。立復奏其異於朝，勑賜名曰「忠烈」。立出師必禱，曰：「公爲朝廷盡節以歿，必能陰佑遺民也。」積官至正議大夫，累贈光祿大夫。娶趙氏，濮邸肅恭僖王宗博之女，封安平縣主，贈永康郡夫人。再娶劉氏，章獻明肅皇后之姪。徐州陷，爲虜將所獲，不食三日而卒，贈咸平郡夫人。先是，公長子倚，以太僕丞從高宗過維揚，及趙立已亡，徐州有武衛軍舊隸於公，義不肯他屬，散歸在所，願以從倚。高宗聞之，詔於樞密院創計議官，特命倚爲之，仍領武衛。紹興八年，和好成奏，乞訪先臣遺骸，優詔許之。行至泗州，馬上得疾，抵徐城驛，暴卒。

明年，奉使藍公佐迎護徽宗梓宮，交割地界，遣書屬當路漕使訪公瘞所，漕委幕屬王之翰往焉。初，趙立藁葬公於黃樓側，乃虜據京東，水久弗治，彭城皆瀰漫，没故跡，莫得

【四】裹以裀褥　「裀褥」原作「裀褥」，據《四庫全書》本改。

其所。忽有老媪指而謂之翰曰：「子非求王待制之瘞所乎？其在是間。」即所指求焉。有塚歸然，蓋以獸瓦。啓視，見大黿覆其上。回顧老媪，化爲虎而去。徹甓取骸，聯絡不斷，類瑣子骨然，獨一手指闕。之翰復炷香泣禱，須臾，有指一節浮水上。行路聞之，莫不嘆駭。之翰易棺斂，葭于京師資聖院。後聞鄉中子孫徙葬於兖州萊蕪縣先塋云。

紹興十年，承宣使白諤扈從顯仁太后回鑾，佾子逵留淄川，南北隔絶，以詩送諤曰：「兩地音塵隔死生，十年常效執珪吟。羨君已作遼東鶴，顧我空存魏闕心。日下既蒙新眷遇，海邊休忘舊知音。儻憐萬里親庭在，爲向雲山處處尋。」詩至而佾卒已一歲矣。聞者哀之。藍公佐使還，侍高宗語次，論中興以來忠臣子孫，因奏及之。上曰：「王佾有兒女否？」公佐奏曰：「佾五子留落中原，後居江南，所生兒女尚俱幼弱。今佾既卒，窮困可憐。」上心惻然，詔令諸女入禁中，命宫嬪保養之，凡十餘年。一日内庭曝書，見囊封有「忠烈」二字，亟命取閲，乃公佐奉旨令王氏女入内事。上覽之，驚問左右，即日召見，賜金帛勅令嫁遣之。

公姿貌豐碩，動容中禮，孤忠直氣，自其天資。父子一門，忠孝兼全。殁而廟食，英烈如存。平生樂於薦賢，有知人之明，如秦檜、洪浩皆公所薦。趙立起行伍，至秉節鉞，實因公激勵而然。事在立傳中。

右傳得於公之元孫默，將以備太史氏之採録。

卞氏二牒

勑泰州團練使卞居讓。牒奉　處分，前件人搢紳之後，簪組遺芳，雖早著於嘉猷，柰未光於餘刃。陳力就列，自媒之志既隆；見善若驚，舉直之規斯在。苟非半刺，難屈多能，事須差攝長吏，仍牒知者。故牒。

建　隆　元　年　二　月　日牒

團練推官、將仕郎、試大理評事趙　押

通判官、兼僉署兩監屯田等公事衛　押

團練副使、檢校刑部尚書吴　押

使兼兩監屯田等使、檢校太尉荆　押

宣徽院引見司劄子：「宣徽院押到殿前承旨卞居讓，宿患癱風病，翰林院著醫官裴裔看驗【五】，久遠不堪醫治引見。奉聖旨放停送宣徽院者。右具如前，已指揮殿前承旨左二班，依聖旨放停，仍便開落姓名，今付卞居讓。依此。

太平興國八年九月四日。

宣徽南院使兼樞密副使柴　押

右牒卞氏故物，相傳二百餘年。南渡寓惟揚，虜騎驟至，亟瘞之地中。尋復出於

【五】著醫官裴裔看驗　「著醫」原作「若裴」，據知不足齋本改。

兵火煨燼，可謂能寶青氊者矣。攻媿樓公嘗攷其所自，云前曰「勑泰州團練使」，乃檢校太保姓荆者，敕授之官，如今之公牒，前必曰知某州軍州事之類也。自牒奉處分以後，則泰州之公移也。既差卞君攝長史，故爲之詞，其後列銜皆泰州之官。印文凡七，皆泰州團練使印。唐朝固有紙告，而此非告也。後一紙宣徽院之文，姓柴者，禹錫也。禹錫以太平興國七年四月拜樞密副使，至雍熙二年冬方罷。而此文乃八年九月所給，故知其爲禹錫也。國朝舊制，宣徽二使通，掌院事共院異廳，止用南院印。又南院比北院頗優，或兼樞密，亦掌本院，皆與此合。石晉天福五年，除翰林承旨，改殿前承旨爲殿直。或云淳化二年始改殿前承旨爲三班奉職。蓋蘇公易簡以是年除承旨，而其次子耆《次續翰林志》云：舊有殿前承旨，其父拜翰林承旨。上以稱呼不别，又以其與清貴混淆，詔改爲三班奉職，以避其稱。因備載之。

卷第九

白玉樓賦

峞崋嶪岌，璀璨流離，高明而廣大者，天上之白玉樓也。鬼作神械，梯雲駕風，杳杳藹藹，穹穹窿窿，端不可以名舉而數周也。陛矗九仞，簷掀百層，反宇吸日，飛甍列星，啫不可以力營而意搆也。前臨瑤池千頃之寒波，傍帶銀潢萬疊之高浪，俯烏兔之出入，瞰雲霞之直上，蓋九萬里風斯在下矣。雖章華三休，井幹百尋，顧孰與爭雄而誇尤乎！宜其澡心於廣漢之清淵，宅意於無垠之元圃，策氣馬以上征，儼神驂而陟步，欻兮忽兮，排天閶而遨遊焉。請掇其梗槩而言之。方玆樓之經始也，斗舌下命，魁靈制權，颷御馳駰，霆霓急鞭。瘦崑山，空藍田，萃剞劂，裁方圓。輸以六甲，董以群僊，惟五城一覩之珍，三獻不逢之寶，蓋於此山積而雲駢。然後大匠課程，群工謹度，琢瑗礱瑛，鬪珪疊璐，層翬翼翼，鵬翅騫雲，倏梁耽耽，虹腰漲霧。跨空則璆檻璪橋，直明則琱窗琛户。鏤飛仙以承楣，刻蛟龍而糾柱，鼇矯首而戴墀，虬怒鬐而攫礎。飛鳴之鳥，則縞鳳霜鸞；華實之林，則瓊枝珠樹【一】。騰輝而曜魄挫芒，比縟而冰花奪素，翕霍晶熒，莫得定視而熟睹也。爾乃迹脱凡

校勘記

【一】瓊枝珠樹　「樹」原作「宇」，據知不足齋本改。

近，身居泬寥。追逸駕於若士，揖高蹤於盧敖。窺倒景之列缺，躡閬風之扶摇。時則有龍驂鶴馭，軼彤霧而駐軌，千乘萬騎，擁紫皇於岧嶤。霓旌羽節，光倩洌以目眩；玉童華女，衆趿踏而雲飃。或鏗金而戛玉，或拊瑟而鳴匏。曲非世律，聲度凡韶。差冠累弁者，皆冰膚而瓊質；承顔接詞者，率精會而神交。怳不知其所自，真放浪以逍遥者也。彼穆王遊化人之宫，黄帝夢華胥之國，超乎雲霓之上，介乎台州之北。傳後世以誇雄，語兹樓則兼金一羽之相直矣。若夏革談妙，《齊諧》志怪。券宇宙之無極，狀鵾鵬之變態。顧貪常嗜瑣，單見狹聞，何足語樓之高大耶！亂曰：

瓊爲棟兮琚爲梁，鸞退翥兮龍高驤。琱欄瑋檻兮屯冰霜，日精月華兮埋輝光。雲繚基兮霞擁址【二】，星爲經兮漢爲紀。俯齊州兮九點煙，瞰滄溟兮一杯水。翠旌孔蓋兮騄玉虬，笙簫杳默兮帝來游。停騄弭節兮駐雲輈，帝心愉樂兮民咸休。

唐李賀苦吟能詩，韓愈、杜牧所知，解導其詳，見于本史。因閲賀小傳，平居一日，忽見緋衣吏，駕赤虬，持一版，書若太古篆霹靂石文者，云當召。賀不能讀，欻下榻叩頭。緋衣人笑曰：「帝成白玉樓，立召君爲記。」窗中勃勃有煙氣，聞行車嘒管之聲，如炊五斗黍許，卒。觀賀詩語清峭，人物超邁，真神僊中人。跨赤虬去，當是高僊無疑【三】。大觀庚寅臘後二日，宣和殿書并畫。

【二】雲繚基兮霞擁址　「兮」字原漏，據《四庫全書》本補。

【三】當是高僊無疑　「當是」原作「當時」，據知不足齋本改。

右賦

道君皇帝親灑宸翰于圖之後。石湖跋云：自玉階及紅雲法駕之後，以至六小樓，意趣超絶，形容高妙。必夢遊帝所者彷彿得之，非世間俗吏意匠可到。晴窗淨几，盡卷展玩，怳然便覺身在九霄三景之上。《簡齋集》有《水府法駕導引曲》，乃倚其體作《步虛詞》六章。羽人有不俗者，使歌之，風清月明之下，雖未得仙，亦足以豪矣。詞一云：「琳霄境，却似化人宫。梵炁彌羅融萬象，玉樓十二倚晴空。一片寶光中。」二云：「浮黎路，依約太微間。雪色寶階千萬丈，人間遥作白虹看。幢節度高寒。」三云：「剛風起，背負玉虛廷。九素煙光寒一色，扶欄四面是青冥。環拱萬珠星。」四云：「流鈴響，龍馭簫雲來。夾道鶱華籠綵仗，紅雲扶輅輾天街。迎駕鶴毰毸。」五云：「鈞天奏，流韻滿空明。琪樹玲瓏珠網碎，僊風吹作步虛聲。相和八鸞鳴。」六云：「樓欄外，輦道插非煙。閑上鬱蕭臺上看，空歌來自始青天。揚袂揖飛僊。」

祭蝗蟲文

維某年月日，右修職郎特差知壽春府安豐縣王希吕，謹以清酌之奠，祭于蝗蟲之神。而告之曰：「古先哲王之有天下也，兢兢畏畏，於事天治人之禮無不盡。然猶九年之水，七年之旱，見於堯、湯之時。是知數之所鍾，有不可得而逭者。則蝗蟲之來此土，食民之産以肥其身，以孳其子孫，亦宜矣。然嘗聞：漢之循吏一有善政，而蝗不入境。至于李唐，太宗吞一蝗而衆蝗死。當時仰其德，後世歌其事。鏗鏘炳明，盪人耳目，迨兹以爲美談。今天子嗣神聖位，聰明仁厚，出於天性。凡事有不法天，政有不便民者，一切革而去之。老奸巨猾既鋤以耘，不萌不芽無所容跡。嶺海、吴蜀、江淮、荆湖之民，壖連壤交，仰事俯育，熙熙于于，各得其所。却視漢循吏、唐太宗，何啻萬萬不侔。則蝗蟲之來處此土，食民之産，以息其身，以孳其子若孫，其爲不可亦明矣。且縣令受天子命，來宰是邑，其治以撫養百姓爲事，則蝗蟲之與縣令又不得並居此土也。道安豐而西北走四十里，即虜人之界，彼其暴虐無道，弑君殺母，無所不有。蝗蟲捨此而去彼，誰爲不可者？今與蝗蟲約，三日北歸。三日不能，五日；五日不能，七日；若七日不歸，是終不肯歸矣。是狃蕃夷之餘習，以害我聖朝之善治。夫狃蕃夷之餘習，害聖明之善治，與傲天子之命吏，不聽其言而爲民物害者，其罪皆可殺。」縣令則取詩人去螟之語，唐相捕蝗之令，以與蝗蟲從事，必盡殺之乃止，無俾遺種於兹邑。蝗蟲有知，其聽縣令言。

右文蓋學昌黎《鰐魚文》者也。頃傳得之，附録於此。

慤齋銘

家君命杓以慤名其齋，而命栻銘以告之。栻敬問所以爲銘之意，蓋取夫孔子曰「士必慤而後求智能」。退而深思，以爲之銘。

南軒先生

士或志近，辯給智巧，學之不知，其器則小。天下之理，惟實爲貴。實不在外，當慤乎己。不震不摇，物孰加之。以此操行，誰曰不宜？古之君子，惟斯之守。不可小知，而可大受。故以此事親，斯爲孝；以此事君，斯爲忠；以此事兄，斯爲悌；交乎朋友，斯爲信。子其深思，思而不忒，惟師乎慤，以令子之德。

右銘不載集中，蓋當時此紙流落。今幸寶藏遺墨。先生作銘時，年二十有三。實乙亥冬十月辛卯也。

驩飲箴

合驩以禮，爰有酒食。議者其誰？伊婦之職。一獻百拜，尚何酒失。後世非古，沉湎淫佚。婦不復議，而侑以色。競致妖靡，用侈燕席。求之萬方，百金不易。持觴一曲，飲醹顔開。主勸客酬，笑言歡咍。夫豈不樂，嗟禮何在？狂者斷腸，莊毅色改。戲狎因之，東主亦悔。主賓胥失，顧不足戒。襟解薌聞，一石其飲。詼諧之詞，以風其甚。紅裙是醉，有如聚蚊。吏部所鄙，清篇實云。洛爾有位，是懲是毖。勿違斯言，以愆德義。

矔會晢

侍女之席，晢不敢即。渝盟受殃，神質於旁。山童石爛，言則可誕。山崇石堅，此言不愆。

右箴晢，司農少卿楊_{正伯}獬揭于坐右。公臨江鄉人也，清介有守。此文蓋有所懲云。

卷第十

杜詩句差

杜詩《覓胡孫》第二聯:「舉家聞若駭,爲寄小如拳。」每疑其非是。趙傁謂合移斷章,「童稺捧應顛」作第四句,却於「許求聰慧者」下云「爲寄小如拳」,則一篇意義渾全,亦成對偶。

籌筆驛詩

漢室虧皇象,坤乾未即寧。姦臣與逆子,摇嶽復黐溟。權表分江域,曹袁鬭夏坰。虎奔還逐逐【一】,龍卧獨冥冥。從衆非無術,欺孤迺不經。惟思恢正道,直起復炎靈。管樂韜方略,關徐駭觀聽。一言俄逆主,三顧已忘形。南既清蠻土,東期赤魏廷。出師功自著,治國志誰銘。歷劒兵如水,臨秦策若瓴。舉聲將潰虜,横勢欲逾涇。仲達耻巾幗,辛毗嚴壁扃。可煩親細務,遽見墮長星。戰地悲陵谷,來賢賞德刑。意中流水遠,愁外舊山青。想像風徽在,侵尋毛骨醒。遲留慕英氣,沉歎撫青萍。

【一】虎奔還逐逐 「還」知不足齋本作「咸」,於意爲長。

右驛在蜀中綿州，石曼卿爲諸葛武侯賦也。寶元二年，大書以遺朱復之。後二年，朱爲四明節度推官，遂刻石于廳事。中更兵火，碑仆于榛莽間，凡百餘年。劉偉至，出而函置南堂壁間，且以名其堂，闕一角，失十五字。紹熙元年，守林采得《曼卿集》而補之，且舉范文正公《誄石學士》書于後，云：「曼卿之詩，氣雄而奇，大愛杜甫，酷能似之。曼卿之筆，顔筋柳骨，散落人間，寶爲神物。」今觀此詩此字，則所謂「寶爲神物」非虚器也。青萍，劍名。杜詩《秦州見勑目除薛畢》有「誰定握青萍」之句。

回峯院留題

山勢欲壓海，禪扃向此開。魚龍腥不到，日月影先來。樹色秋擎出，鐘聲浪答回。何期隨吏役，暫得拂塵埃。

右文康王公所賦。公諱英廟同字，字晦叔，嘗宰定海縣。景祐中，爲執政。開禧丙寅，商逸卿得隸古遺墨，刻于縣治願豐亭。

米小儀題禊帖詩

圖契朴琱推聖智，萬古奔沉餘末伎。蘭亭醉墨更無加，始信功名皆儻爾。庚翼兒郎豈不黠，自是家雞塹野雉。退之彊括六藝疎，見處纔能到姿媚。相公有官那得取，不與官家深自祕。却因同好露心胸，謾使蕭翼誇末計【二】。摸金不必曹阿瞞，温韞家有昭陵器。披沙只恐取黄金，剔軸誰能收故紙。天章寶塔高嶫峩，永表文皇好文藝。至今油臈傳未休，善本何辭萬金弃。

絶覽亭詩

安仁縣雲錦驛後山顛有絶覽亭，鄭剛中亨仲過而刻詩柱上，云：「目力所臨皆在下，亭名絶覽未爲叨。大夫心地當如此，此外應知更有高。」

康伯可詩

紹興間，康伯可過臨江，游慧力寺，題二詩于松風亭壁。今遺墨不存，因録以備忘。其一：「天涯芳草盡緑，路旁柳絮爭飛。啼鳥一聲春晚，落花滿地人歸。」其二：「江上濃雲曉未開，瘦筇支我上蒼苔。春寒前日去已盡，今日又從何處來。」

胡藏之詩

臨江詩人胡藏之，蓋彦明之子。彦明與山谷進士同年，故藏之以詩取知於山谷。嘗

【二】蕭翼　「翼」原作「義」，據知不足齋本改。

侍燕席，以柈中果子分題賦詩。藏之得藕云：「平生冰雪姿，七星羅心胸。豈無有絲毫，上裨天子聰。而不自薦達，胡爲乎泥中。沉痾政無賴，安得君從容。其子亦可憐，風味如乃翁。」藏之亦有《瘞鶴銘》詩，云：「當年誰爲褁玄黃，潮打孤城草木荒。華表竟無新信息，斷碑空有碎文章。雲埋紫蓋峯何在，煙鎖青田道正長。遥想華亭披道氅，夜隨明月過錢塘。」藏之名致隆，自號「瀟灘居士」，無子，故遺藁不傳。

石芥詩

淳熙辛丑，予客桂林，運使梁次張舉似《石芥詩》，今未忘也。「擷根山石貯瓶罌，柱後緘題見者頳。風味莫嫌無醖藉，盃柈甚解作聰明。願言則嚏傳心事，搔首踟躕散宿酲。最是徂徠明道地，至今姦膽亦寃驚。」

丫頭巖詩

巖前壁間題者甚多，予獨愛鄉人彭仲衡，思致高而無着。其詩云：「前峯號龜本非龜，近巖謂月亦匪月。世間景幻語未真，説着丫頭便癡絶。蒼然頑石自天成【三】，道旁過者皆含情。我來於此發浩歎，乃知有色能傾城。」

【三】蒼然頑石自天成　「自」原作「皆」，據知不足齋本、《全宋詩》改。

上元詞

春曉千門放鑰匙，萬官班從出祥曦。九重綵浪浮龍蓋，一點紅雲護赭衣。車馬過，打毬歸，芳塵洒定不教飛。鈞天品動回鑾曲，十里珠簾待日西。

日暮迎祥對御回，宮花載路錦成堆。天津橋畔鞭聲過，宣德樓中扇影開。奏舜樂，進瑶盃，盡宣車馬上天街。君王喜與民同樂，八面三呼震地來。

紫禁煙光一萬重，五門金碧射晴空。梨園羯鼓三千面，陸海鰲山十二峯。香霧重，月華濃，露臺仙仗綵雲中。朱欄畫棟金泥幕，捲盡紅蓮十里風。

香霧氤氲結綵山，蓬萊頂上駕頭還。繡韉狨坐三千騎，玉帶金魚四十班。風細細，珮珊珊，一天和氣轉春寒。千門萬户笙簫裏，十二樓臺月上欄。

禁衛傳呼約下廊，層層掌扇簇親王。明珠照地三千乘，一片春雷入未央。宮漏永，御街長，華燈偏共月爭光。樂聲都在人聲裏，五夜車塵馬足香。

寶炬金蓮一萬條，火龍圍輦轉州橋。月迎仙仗回三殿，風遞韶音下九霄。登複道，聽鳴鞘，再頒酥酒賜臣僚。太平無事多歡樂，夜半傳宣放早朝。

玉座臨軒宴近臣，御樓燈火發春温。九重天上聞仙樂，萬寶牀邊侍至尊。花似海，月如盆，不任宣勸醉醺醺。豈知頭上宮花重，貪愛傳柑遺細君。

九陌遊人起暗塵，一天燈霧鎖彤雲。瑶臺雪暎無窮玉，閬苑花開不夜春【四】。攢寶騎，簇雕輪，漢家宮闕五侯門。景陽鐘動纔歸去，猶挂西窗望月痕。

宣德樓前雪未融，賀正人見綵山紅。九衢照影紛紛月，萬井吹香細細風。複道遠，暗相通，平陽主第五王宮。鳳簫聲裏春寒淺，不到珠簾第二重。

風約微雲不放陰，滿天星點綴明金。燭龍銜曜烘殘雪，羯鼓催花發上林。河轉影，漏聲沉，縷衣羅薄莫雲深。更期明夜相逢處，還盡今宵未足心。

五日都無一日陰，往來車馬鬧如林。葆真行到燭初上，豐樂遊歸夜已深。人未散，月將沉，更期明夜到而今。歸來尚向燈前說，猶恨追遊不稱心。

徹曉華燈照鳳城，猶嗔宮漏促天明。九重天上聞花氣，五色雲中應笑聲。頻報道，奏河清，萬民和樂見人情。年豐米賤無邊事，萬國稱觴賀太平。

憶得當年全盛時，人情物態自熙熙。家家簾幙人歸晚，處處樓臺月上遲。花市裏，使人迷，州東無暇看州西。都人只到收燈夜，已向樽前約上池。

步障移春錦繡叢，珠燈翠幕護香風。沉香甲煎薰爐煖，玉柱明金蜜炬融。車流水，馬游龍【五】，歡聲浮動建章宮。誰憐此夜春江上，魂斷黄粱一夢中。

真箇親曾見太平，元宵且說景龍燈。四方同奏昇平曲，天下都無歎息聲。長月好，定天晴，人人五夜到天明。如今一把傷心淚，猶恨江南過此生。

【四】閬苑花開不夜春　「夜」原作「度」，據知不足齋本、《全宋詩》改。

【五】馬游龍　「游」原作「浮」，據《四庫全書》本改。

右《鷓鴣天》十五首，備述宣政之盛，非想像者所能道，當與《夢華録》並行也。

又

蜀人閻侍郎蒼舒使虜，過汴京賦《水龍吟》：「少年聞説京華，上元景色烘晴晝。朱輪畫轂，雕鞍玉勒，九衢爭驟。春滿鼇山，夜沉陸海，一天星斗。正紅毬過了，鳴鞘聲斷，迴鑾馭，鈞天奏。　誰料此生親到，五十年、都城如舊。而今但有，傷心煙霧，縈愁楊柳。寶籙宮前，絳霄樓下，不堪回首。願黄圖早復，端門燈火，照人還又。」

念奴嬌

踈眉秀目，向樽前、依舊宣和裝束。貴氣盈盈，風韻爽、舉止知非凡俗。皇室宗姬，陳王愛女，曾嫁貂蟬族。干戈流蕩，事隨天地飜覆。　珠淚揾了偷彈，勸人飲盡，愁怕吹笙竹。流落天涯俱是客，何必平生相熟。舊日容華，如今憔悴，付與杯中醁。興亡休問，爲伊且釂船玉【六】。

右詞見謂士夫到中原有感而賦

【六】爲伊且酹船玉　「伊」，原本及《學海類編》本、《四庫全書》本均作「子」，知不足齋本作「予」，《全宋詞》作「伊」。依《念奴嬌》詞律，此處當爲平聲，故據《全宋詞》改作「伊」。

陶穀使江南詞

穀贈歌姬秦蒻蘭《風光好》有「鸞膠續斷弦」之句。按：東方朔《十洲記》：仙家煮鳳喙及麟角，煎作膠，名爲續絃。能續弓弩絶絃。却非鸞膠，豈其誤耶？不如杜詩「麟角鳳嘴世莫識，煎膠續絃奇自見」。

石林詞

葉石林《賀新郎》詞有「誰採蘋花寄與，但悵望蘭舟容與」。下「與」字去聲。《漢·禮樂志·練時日》「澹容與」，顔注：「閑舒也。」今歌者不辨音義，乃以其疊兩與字，妄改上「與」作「寄取」，而不以爲非，良可笑也。慶元庚申，石林之孫筠守臨江，嘗從容語及，謂賦此詞時年方十八，而傳者乃云爲儀真妓女作。詳味句意，皆不相干，或是書此以遺之爾。

生查子

道塗間題壁有可采者，嘗記《生查子》一首，甚工。云：「愁盈鏡裏山，心疊琴中恨。露濕玉欄秋，香伴金屏冷。　雲歸月正圓，鴈到人無信。孤損鳳凰釵，立盡梧桐影。」蓋魏子敬詞也。

跋

觀《石林燕語》，多故實舊聞，或古今嘉言善行，可謂博洽矣。而懷玉汪先生每事辨其誤，信乎述作之難也。昌詩讀書不多，託子墨以自試，好事者間欲得之，而筆札或不給。後二年乙亥秋，輟清俸鋟梓于六峯縣齋，非敢以傳世也，亦願聞其誤焉爾。重陽日書。

⊙彭大雅　撰
徐　霆疏證

黑韃事略

李國强　整理

點校說明

《黑韃事略》一卷，彭大雅撰，徐霆疏證。彭大雅，字子文，鄱阳（今江西波阳）人。嘉定進士，初官朝請郎。理宗紹定五年（一二三二）曾以書狀官隨邹伸之奉使蒙古，後官至四川安撫制置副使，爲抵禦蒙古軍而創築重慶城。淳祐元年（一二四一），因貪黷殘忍，蜀人怨憤，詔除名，贛州安置。十二年，追録築城功，复承議郎，官其子。徐霆，字長孺，温州永嘉（今屬浙江）人。少從舅父陳埴學，中漕舉。紹定年間，李全降蒙古後，率兵南下攻宋，霆從江淮制置大使趙善湘爲幕僚，軍謀檄筆，悉參其事。全死，以功授江東兵馬鈐轄，移江廣。歷知欽、復、廣德等州，以武功大夫致仕。端平初嘗隨邹伸之等出使蒙古，著有《北征日記》，已佚。

《黑韃事略》頂格排印的是彭大雅的正文，低二格者爲徐霆疏證，其詳略互爲補充。是書爲作者出使蒙古所見所聞，其内容反映了蒙古初創時期的政治制度、軍事編制、社會風俗等，爲研究蒙古開創史提供了珍貴史料。

此次整理，以北京國家圖書館藏明嘉靖二十一年鈔本爲底本，校以王國維《黑韃事略箋證》本（簡稱王本）及叢書集成本（簡稱叢書本），并參考了許全勝《黑韃事略校注》成果。

黑韃之國，即北單于。號大蒙古。沙漠之地有蒙古山，韃語謂銀曰蒙古，女真名其國曰大金，故韃名其國曰大銀。其主初僭皇帝號者，小名曰忒没真，僭號曰成吉思皇帝，今者小名兀窟䚟，其耦僭號者八人。

其子曰闊端、曰闊除、曰河西䚟、立爲僞太子，讀漢文書，其師馬録事。曰合剌直。

其相四人，曰按只䚟、黑韃人，有謀而能斷。曰移剌楚材、字晉卿，契丹人，或稱中書侍郎。曰粘合重山，女真人，或稱將軍。共理漢事，曰鎮海，回回人。專理回回國事。

霆至草地時，按只䚟已不爲矣。粘合重山隨屈朮僞太子南侵。次年，屈朮死，按只䚟代之。粘合重山復爲之助，移剌及鎮海，自號爲中書相公，總理國事。鎮海不止理回回也。韃人無相之稱，即只稱之曰必徹徹。必徹徹者，漢語令史也，使之主行文書爾。

其地出居庸，燕之西北百餘里。則漸高漸闊。出沙井，天山縣八十里。則四望平曠荒蕪際，天間有遠山，初若崇峻，近前則坡阜而已，大率皆沙石。

霆所見沙石，亦無甚大者，只是碎沙小石而已。

其氣候寒冽，無四時八節。如驚蟄無雷。四月、八月常雪，風色微變，近而居庸關北如官山、金蓮川等處，雖六月，亦雪。

霆自草地回程，宿野狐嶺下，正是七月初五日，早起極冷，手足俱凍。

其産野草，四月始青，六月始茂，至八月又枯。草之外，咸無焉。

其畜牛犬馬羊橐駞，胡羊則毛氄而扇尾，漢羊則曰骨律，橐駞有雙峯者，有孤峯者，有無峯者。

霆見草地之牛，純是黄牛，其大與江南水牛等，最能走，既不耕犁，只是拽車，多不穿鼻。

其居穹廬，即氊帳。無城壁棟宇，遷就水草無常。韃主曰徙帳，以從校獵，凡僞官屬從行曰起營，牛馬橐駞以挽其車，車上室可坐可卧，謂之帳輿。輿之四角，或植以杖，或交以板，用表敬天，謂之飯食車。派而五之如蟻陣，縈紆延袤十五里，左右横距，及其直之半，得水則止，謂之定營。主帳南向獨居前列，妾婦次之，僞扈衛及僞官屬又次之。凡韃主獵帳所主，皆曰窩裏陀。其金帳，柱以金製，故名。凡僞嬪妃與聚落群起，獨曰大窩裏陀者。其地卷阿負坡阜，以殺風勢，猶漢移蹕之所，亦無定止，或一月或一季遷耳。

霆至草地時立金帳，想是以本朝皇帝親遣使臣来，故立之，以示壯觀。前綱鄒奉使至，不曾立，後綱程大使、更後綱周奉使至，皆不立。其製即是草地中大氊帳，上下用氈爲衣，中間用柳編爲窗眼，透明，用千餘條索拽住門閾與柱，皆以金裹，故名。中可容数百人，韃主帳中所坐胡床如禪寺講座，亦飾以金。后妃等第而坐，如构欄然。穹廬有二樣，燕京之制，用柳木爲骨，正如南方罣罳，可以卷舒，面前開門，上如傘骨，頂開一竅，謂之天窗，皆以氈爲衣，馬上可載。草地之制，用柳木織成硬圈，徑用氈鞔定，不可卷舒，車上載行，水草盡則移，初無定日。

其食肉而不粒，獵而得者曰兔，曰鹿，曰野彘，曰黄鼠，曰頑羊，其脊骨可爲杓。曰黄羊，其背黄，尾如扇大【一】。曰野馬，如驢之狀。曰河源之魚地冷可致。牧而庖者，以羊爲常，牛次之，非大燕會不刑馬。火燎者十九，鼎烹者十二三，臠而先食，然後食人。

霆住草地一月餘，不曾見韃人殺牛以食。

其飲，馬乳與牛羊酪。凡初酌，甲必自飲，然後飲乙，乙將飲，則先與甲、丙、丁呷，謂之口到。甲不飲【二】，則轉以飲丙，丙飲訖，勺而酬乙，乙又未飲，而飲丁，丁如丙禮，乙纔飲訖，勺而酬甲，甲又序勺以飲丙、丁，謂之換戔。本以防毒，後習以爲常。

其味鹽一而已。

霆出居庸關，過野狐嶺，更千餘里，入草地，曰界里濼。其水暮沃而夜成鹽，客人以米来易，歲至数千石。更深入，見韃人所食之鹽曰斗鹽。其色白於雪，其狀大於牙，其底平於斗，故名斗鹽。蓋鹽之精英者。愈北，其地多鹻，其草宜馬。

【一】尾如扇大　「尾」字原脱，據王本、叢書本補。

【二】甲不飲　「甲」字原脱，據王本、叢書本改。

其爨，草炭。牛馬糞。

其燈，草炭以爲心，羊脂以爲油。

其俗射獵，凡其主打圍，必大會衆，挑土以爲坑，插木以爲表，維以毳索，繫以氊羽，猶漢兔置之智，綿亘一二百里間，風颺羽飛，則獸皆驚駭而不敢奔逸，然後蹙圍攫擊焉。

霆見其行下韃户取毛索及氊亦頗以爲苦。霆沿路所乘鋪馬，大半剪去其騣。扣之，則曰以之爲索，納之窩裹陀，爲打獵用。圍場自九月起至二月止。凡打獵時，常食所獵之物，則少殺羊。

其冠，被髮而椎髻，冬帽而夏笠，婦人頂故姑。

霆見其故姑之制，用畫木爲骨，包以紅銷金帛，頂之上用四五尺長柳杖【三】，或鐵打成杖，包以青氊。其向上人則用我朝翠花，或五采帛飾之，令其飛動。以下人則用野鷄毛。婦女真色，用狼糞塗面。

其服，右衽而方領。舊以氊毳革，新以紵絲金線，色以紅紫紺緑，紋以日月龍鳳，無貴賤等差。

霆嘗考之，正如古深衣之製。本只是下領一如我朝道服領，所以謂之方領。若四方上領，則亦是漢人爲之。韃主及中書向上等人不曾着，腰間密密打作細摺，不計其數。若深衣止十二幅，韃人摺多爾。又用紅紫帛撚成線，横在腰上，謂之腰線。蓋

【三】頂之上用四五尺長柳杖「杖」，王本、叢書本皆作「枝」。

欲馬上腰圍緊突出，采艷好看。

其言語，有音而無字，多從假借而聲稱，譯而通之，謂之通事。

其稱謂，有小名而無姓字，心有所疑，則改之。

霆見其自上至下，只稱小名，即不曾有姓，亦無官稱。如管文書則曰必徹徹，管民則曰達魯花赤，環衛則曰火魯赤，若宰相，即是楚材輩自稱爲中書相公；若王㦸則自稱爲榮青光禄大夫【四】、御史大夫、宣撫使、入國使爾。初非韃主除授也。

其禮，交抱以爲揖，左跪以爲拜。

霆見其交抱，即是厮摟。

其位置，以中爲尊，右次之，左爲下。

其正朔，昔用十二支辰之象，如子曰鼠兒年之類。今用六甲輪流，如曰甲子年正月一日或三十日。皆漢人、契丹、女真教之。若韃之本俗，初不理會得，但是草青則爲一年，新月初生則爲一月。人問其庚甲若干，則倒指而数幾青草。

霆在燕京宣德州，見有曆書，亦印成册，問之，乃是移剌楚材自筭，自印造，自頒行，韃主亦不知之也。楚材能天文，能詩，能琴，能參禪，頗多能，其髭髯極黑，垂至膝，常綰作角子，人物極魁梧。

其擇日行事，則視月盈虧，以爲進止。朏之前，下弦之後，皆其所忌。見新月必拜。

【四】榮青光禄大夫　「榮」王本、叢書本作「銀」。

其事，書之以木杖【五】，驚蛇屈蚓，如天書符篆，如曲譜五凡工尺，回回字殆兄弟也。

霆嘗考之，韃人本無字書，然今之所用，則有三種。行於韃人本國者，則只用小木，長三四寸，刻之四角，且如差十馬則刻十刻，大率只刻其数也。其俗淳而心專，故言語不差。其法，説恍者死，故莫敢詐僞。雖無字書，自可立國。此小木，即古木契也，行於回回者，則用回回字，鎮海主之。回回字只有二十一箇字母，其餘只就偏旁上揍成。行於漢人、契丹、女真諸亡國者，只用漢字，移剌楚材主之。却又於後面年月之前，鎮海親寫回回字，云付與某人，此蓋專防楚材，故必以回回字爲驗，無此則不成文書，殆欲使之經由鎮海，亦可互相撿柅也。燕京市學多教回回字及韃人譯語，纔會譯語，便做通事，便隨韃人行打，恣作威福，討得撒花，討得物事喫。契丹、女真元自有字，皆不用。

其印曰宣命之寶，字文疊篆而方，徑三寸有奇，鎮海掌之。無封押以爲之防，事無巨細，須僞酋自決。楚材、重山、鎮海，同握韃柄。凡四方之事，或未有韃主之命，而生殺予奪之權，已移於弄印者之手。

霆嘗考之，只是見之文書者，則楚材、鎮海得以行其私意，蓋韃主不識字也。若行軍用師等大事，只韃主自斷，又却與其親骨肉謀之，漢兒及他人不與也。每呼韃人爲自家骨頭，雖至細交訟事，亦用撒花直造韃主之前，然無終予决而去。

【五】 書之以木杖　「杖」，王本同，叢書本作「板」。

其占筮，則灼羊之杴子骨，驗其文理之逆順，而辨其吉凶，天棄天予，一決于此。信之甚篤，謂之燒琵琶。事無纖粟不占【六】，占必再四不已。

霆隨一行使命至草地，韃主数次燒琵琶，以卜使命去留，想是琵琶中當歸，故得遣歸，燒琵琶即鑽龜也。

其常談，必曰托着長生天底氣力，皇帝底福蔭。彼所欲爲之事，則曰天教恁地。人所已爲之事，則曰天識着。無一事不歸之天。自韃主至其民，無不然。

其賦歛，謂之差發。類馬而乳【七】，犀羊而食【八】，皆視民户畜牧之多寡而征之，猶漢法之上供也。置醮之法，則聽諸酋頭項自定差使之久近。漢民除工匠外，不以男女，歲課城市丁絲二十五兩，牛羊絲五十兩，謂借過回回銀，買給往来使臣食過之数。鄉農身絲百兩。米則不以耕稼廣狹，歲户四石。漕運銀綱合諸道，歲二萬鋌。旁蹊曲徑而科敷者，不可勝言。

霆所過沙漠，其地自韃主、僞后、太子、公主、親族而下，各有疆界，其民户皆出牛馬、車仗、人夫、羊肉、馬奶爲差發。蓋韃人分管草地，各出差發，貴賤無有一人得免者。又有一項各出差發，爲各地分醮中之需，上下亦一體，此乃草地差發也。至若漢地差發。每户每丁以銀折絲綿之外，每使臣經從、調遣軍馬、糧食、器械及一切公上之用，又逐時計其合用之数，科率民户。諸亡國之人，甚以爲苦，怨憤徹天，然終無如

【六】事無纖粟不占　「不」，王本同，叢書本作「必」。

【七】類馬而乳　「類」，王本作「賴」。

【八】犀羊而食　「犀」，王本作「須」，叢書本作「宰」。

之何也。韃主不時自草地差官出漢地，定差發。霆在燕京，見差胡丞相来，黷貨更可畏，下至教學行及乞兒行，亦出銀作差發。燕京教學行有詩云：教學行中要納銀，生徒寥落太清貧。金馬玉堂盧景善，明月清風范子仁。李舍纔容講德子，張齋恰受舞雩人。相將共告胡丞相，免了之時殺捺因。此可見其賦斂之法。

其貿易，以羊馬金銀縑帛。

其賈販，則自韃主以至僞王、諸僞太子、僞公主等，皆付回回以銀，或貸之民而衍其息，一錠之本，展轉十年後，其息一千二十四錠。或市百貨而懋遷，或託夜偷而責償于民。

霆見韃人，只是撒花，無一人理會得賈販，自韃主以下，只以銀與回回，令其自去賈販以納息。回回或自轉貨與人，或自多方賈販，或詐稱被劫而責償於州縣民户。大率韃人止欲紵絲、鐵鼎、色木、動使，不過衣食之需，漢兒及回回等人販入草地，韃人以羊馬博易之，韃俗真是道不拾遺，然不免有盜，只諸亡國之人爲之。回回又以物置無人之地，却遠遠卓望，纔有人築着【九】，急来昏賴。回回之狡心最可畏，且多技巧，多會諸國言語【一〇】，直是了得。

其官稱，或僭國王，或權皇帝，或郡王，或宣差，諸國亡俘，或曰中書丞相，或將軍，或侍郎，或宣撫、運使，隨所自欲而盜其名，初無宣麻制誥之事。

霆嘗考之，韃人初未嘗有除授及請俸，韃主亦不曉官稱之義爲何也。韃人止有

【九】纔有人築着　「築」，王本、叢書本作「觸」。

【一〇】多會諸國言語　「言語」二字原缺，據王本、叢書本補。

虎頭金牌【一一】，平金牌，平銀牌，或有勞，自出金銀，請於韃主，許其自打牌，鑴回回字【一二】，亦不出於長生天底氣力等語爾。外有亡金之大夫，混於雜役，墮於屠沽，去爲黄冠，皆尚稱舊官，王宣撫家有催車数人【一三】，呼運使，呼侍郎，長春多有亡金朝士【一四】，既免跋焦，免賤役【一五】，又得衣食，最令人慘傷也。

其民户，體統十人謂之排子頭。自十而百，百而千，千而萬，各有長。

其國禁，草生而斸地者，遺火而爇草者，誅其家。拾遺者，履閾者，箠馬之面目者，相與淫奔者，誅其身。食而噎者，口鼻之衄者，罪其心之不吉。軸氊簾而外者，責其心【一六】。係韃主之項，騎而相向者，其左而過，則謂之相順。食人以肉，而接以左手，則謂之相逆。酌乳酪而傾器者，謂之斷後。遭雷與火者，盡棄其資畜而逃，必期年而後返。

霆見韃人每聞雷電，必掩耳，屈身至地，若軃避狀。

其賞罰，則俗以任事爲當然，而不敢以爲功。其相與告戒，每曰其主遣我火裏去，或水裏去，則與之去。言及饑寒艱苦者，謂之「觧」。觧者，不好之謂。故其國平時無賞，惟用兵戰勝則賞以馬，或金銀牌，或紵絲段。陷城則縱其擄掠子女玉帛。擄掠之前後，視其功之等差，前者插箭於門，則後者不敢入。有過則殺之，謂之按打奚，不殺則罰充八都魯軍，猶漢之死士。或三次四次，然後免。其罪之至輕者，没其資之半。

霆見其一法最好，説謊者死。

【一一】韃人止有虎頭金牌　「金牌」二字原倒，據王本、叢書本乙正。

【一二】鑴回回字　王本、叢書本「鑴」上有「上」字。

【一三】王宣撫家有催車数人　「催」，王本、叢書本作「推」。

【一四】長春多有亡金朝士　「長春」下，王本有「宫」字。

【一五】免賤役　「賤」，王本作「賦」。

【一六】責其心　「心」字原脱，據王本、叢書本補。

其犯寇者殺之，没其妻子畜産，以入受寇之家。或甲之奴盗乙之物，或盗乙之奴物，皆没甲與奴之妻子産畜，而殺其奴及甲，謂之「斷案主」。其見物則欲，謂之「撒花」。予之，則曰捺殺因，韃語好也。不予，則曰冒烏，韃語不好也。撒花者，漢語覓也。

其騎射，則孩時繩束以板，絡之馬上，隨母出入。三歲，以索維之鞍，俾手有所執，從衆馳騁。四五歲，挾小弓短矢【一七】。及其長也，四時業田獵。凡其奔驟也，跂立而不坐，故力在跗者八九，而在髀者一二【一八】，疾如飈至，勁如山壓，左旋右折，如飛翼，故能左顧而射右，不特抹鞦而已。

其步射，則八字立脚，步闊而腰蹲，故能有力而穿扎【一九】。

霆見韃靼耆婆在野地生子纔畢，用羊毛揩抹，便用羊皮包裹【二〇】，束在小車内，長四五尺，闊一尺。耆婆徑挾之馬上而行。

其馬，野牧無芻粟。六月饜青草始肥，牡者四齒則扇，故闊壯而有力，柔順而無性，能風寒而久歲月。不扇，則反是耳，易嘶駭，不可設伏。啼鍥薄而怯石者，葉以鐵，或以板，謂之脚澁。凡馳驟勿飽，凡解鞍，必索之而仰其首，待其氣調息平，四蹄冰冷，然後縱其水草。牧者謂之「兀剌赤」，回回居其三，漢人居其七。

霆嘗考韃人養馬之法。自春初罷兵後，凡出戰好馬，並恣其水草，不令騎動，直至西風將生，則取而空之【二一】，縶於帳房左右，啖以些少水草，經月後膔落，而實。騎之

【一七】挾小弓短矢　「矢」字原脱，據王本、叢書本補。

【一八】而在髀者一二　「一二」原訛作「三」，據王本、叢書本改。

【一九】故能有力而穿扎　「有」字原脱，據王本、叢書本補。

【二〇】便用羊皮包裹　「便」字原脱，據王本、叢書本補。

【二一】則取而空之　「空」，王本作「控」，叢書本作「鞚」。

数百里，自然無汗，故可以耐遠而出戰。尋常正行路時，並不許其喫水草，蓋辛苦中喫水草，不成膔而生病，此養馬之良法。南人反是，所以馬多病也。其牡馬留十分壯好者，作移剌馬種外，餘者都扇了，所以無不强壯也。移剌者，公馬也。不曾扇，專管騍馬群，不入扇馬隊，扇馬騍馬各自爲群隊也。凡馬多是四五百疋爲群隊，只兩兀刺赤管，手執雞心鐵撾，以當鞭箠，馬望之而畏。每遇早晚，兀刺赤各領其所管之馬，環立於主人帳房前，少頃各散去。每飲馬時，其井窟止可飲四五馬，各以資次先後，于于而自来，飲足而去，次者復至，若有越次者，兀刺赤遠揮鐵撾，俯首駐足，無或敢亂，最爲整齊。其騍馬群，每移剌馬一疋，管騍馬五六十疋，騍馬出群，移剌馬必咬踢之使歸。或他群移剌馬踰越而来，此群移剌馬必咬踢之使去，摯而有別，尤爲可觀。

其鞍韂輕簡，以便馳騁。重不盈七八斤，鞍之鴈翅，前竪而後平，故折旋而膊不傷；鐙圓，故足中立而不偏；底闊，故靴易入。綴鐙之革，手揉而不硝，灌以羊脂，故受雨而不斷爛【二二】。闊不踰一寸，長不逮四揔，故立馬轉身之順【二三】。

其軍，即民之年十五以上者，有騎士而無步卒，人二三騎或六七騎，五十騎謂之一糾。都由切，即一隊之謂。武酋健奴【二四】，自鳩爲伍，專在主將之左右，謂之八都魯軍。曩攻河西女真諸國，驅其人而攻其城。

霆往来草地，未嘗見一人步行者。其出軍，頭目人騎一馬，又有五六疋或三四疋

【二二】故受雨　「故」下原衍「不」字，據王本刪。

【二三】故立馬轉身之順　「之」，王本作「至」，叢書本作「極」。

【二四】武酋健奴　「酋」下原衍「切」字，據王本、叢書本刪。

馬自隨。常以準備緩急，無者亦須一二疋。

其軍器，有柳葉甲。有羅圈甲。革六重。有頑羊角弓。角面連靶，通長三尺。有響箭。即鳴鏑也。有駞骨箭。有批針箭，剡木以爲栝，落鵰以爲翎。有環刀，效回回樣，輕停而犀利，靶小而褊，故運掉也易。有長短槍，刃杈如鑿，故着物不滑，可穿重扎。有旁牌，以革編篠，否則以柳，闊三十寸，而長則倍於闊之半。有團牌，特前鋒臂之，下馬而射，專爲破敵之用。有鐵團牌，以代兜鍪，取其入陣轉旋之便。有拐子木牌，爲攻城避砲之具。每大酋頭項各有一旗，只一面而已，以次人不許置。常捲常偃。凡遇督戰，纔舒即卷。攻城則有砲，砲有棚，棚有網索，以爲挽索者之蔽【二五】。向打鳳翔，專力打城之一角。嘗立四百座，其餘器具不一而足。論其長技，弓矢爲第一，環刀次之。

霆嘗考之，韃人始初草昧，百工之事，無一而有。其國除孼畜外【二六】，更何所産。其人椎朴，安有所能，止用白木爲鞍橋【二七】，鞔以羊皮，鐙亦剜木爲之，箭鏃則以骨，無從得鐵。後来滅回回，始有物産，始有工匠，始有器械。蓋回回百工技藝極精，攻城之具尤精，後滅金虜，百工之事，于是大備。

其軍糧羊與泲馬【二八】。手捻其乳曰泲。馬之初乳，曰則聽其駒之食，夜則聚之以泲，貯以革器，澒洞数宿，味微酸始可飲，謂之馬奶子。纔犯他境，必務抄掠。孫武子曰：「因糧於敵」是也。

【二五】以爲挽索者之蔽　「蔽」字原脱，據王本、叢書本補。

【二六】其國除孼畜外　「畜外」，原倒作「外畜」，據王本、叢書本乙正。

【二七】止用白木爲鞍橋　「橋」，原作「喬」，據王本、叢書本改。

【二八】其軍糧羊與泲馬　「羊與」原倒，據王本、叢書本乙正。

霆嘗見其日中泲馬奶矣。亦嘗問之，初無拘於日與夜。泲之之法，先令駒子啜，教乳路来，却趕了駒子，人自用手泲下皮桶中，却又傾入皮袋撞之，尋常人只数宿便飲。初到金帳，韃主飲以馬奶，色清而味甜，與尋常色白而濁、味酸而羶者大不同，名曰黑馬奶。蓋清則似黑，問之，則云此實撞之七八日，撞多則愈清，清則氣不羶，只此一次得飲，他處更不曾見。玉食之奉如此。又兩次金帳中送葡萄酒，盛以玻璃瓶，一瓶可得十餘小盞，其色如南方柹漆，味甚甜，聞多飲亦醉，但無緣得多耳。回回國貢来。

其行軍嘗恐衝伏，雖偏師亦必先發精騎，四散而出，登高眺遠，深哨一二百里間，掩捕居者行者，以審左右前後之虚實。如某道可進，某城可攻，某地可戰，某處可營，某方有敵兵，某所有粮草，皆責辦於哨馬回報。如大勢軍馬併力蝟奮，則先燒琵琶，决择一人以統諸部。

霆見韃人未嘗屯重兵於城内，所過河南北郡縣，城内並無一兵，只城外村落有哨馬，星散擺布。忽遇風塵之警，哨馬響應，四向探刺，如得其实，急報頭目及大勢軍馬也。

其營必擇高阜，主將駐帳必向東南，前置邏騎，韃語「托落赤」，分番警地。惟前面無單營。帳之左右與夫帳後諸部軍馬，各歸頭項，以序而營。管又貴分，務令踈曠，以便芻秣。營留二馬，以便夜不解鞍【二九】，以防不測。營主之名，即是夜號。一營有警，則旁營

【二九】以便夜不解鞍　「以便」二字，王本、叢書本均無。

俻馬以待追襲，餘營則整整不動也。惟哨馬之營則異於是，主者中據，環兵四表，傳木刻以代夜邏。即漢軍傳箭法。秣馬營裏，使無奔逸，未暮而營，具火謂之火鋪。及夜則遷於人所不見之地，以防夜劫，而火鋪則仍在於初營之所，達曉不動也。

霆見其多用狗鋪，其下營直是日，早要審觀左右形勢。

其陣，利野戰，不見利不進。動靜之間，知敵强弱，百騎環繞，可裹萬衆，千騎分張，可盈百里。摧堅陷陣，全藉前鋒，衽革當先，例十之三。凡遇敵陣，則三三五五四五，斷不簇聚爲敵所包。大率步宜整而騎宜分，敵分亦分，敵合亦合，故其騎突也，或遠或近，或多或少，或聚或散，或出或没，来如天墜，去如電逝，謂之「鴉兵撒星陣」。其合而分，視馬箠之所向，其分而合，聽姑詭之聲，以自爲號，自邇而遠，俄頃千里。其夜聚，則望燎煙而知其所戰宜，極寒無雪，則磨石而禱天。

霆見韃人行軍，只是一箇不靦，是蠻逼而已。彼亦是人，如何不怕死，但自用師南侵日，少曾喫虧，所以膽愈壯，而敢無状也。韃人糧食，固只是羊馬隨行，不用運餉。然一軍寧有多少韃人，其餘盡是亡國之人，韃人隨行羊馬自食尚不足，諸亡國之人亦須要糧米吃。以是知不可但誇韃人之强，而不思在我自强之道也。

其破敵，則登高眺遠，先相地势，察敵情僞，專務乘亂。故交鋒之始，每以騎隊徑突敵陣，一衝纔動，則不論衆寡，長驅直入，敵雖十萬，亦不能支。不動則前隊横過，次隊再撞，再不能入，則後隊如之。方其衝敵之時，乃遷延時刻，爲布兵左右與後之計。兵既四合，則最後至者一聲姑詭【三〇】，四方八面，響應齊力，一時俱擁。此計之外，或臂團牌，下馬步射，一步中鏑，則兩旁必潰，潰則必亂，從亂疾入。敵或見便以騎蹙步，則步後駐隊馳敵迎擊。敵或堅壁，百計不中，則必驅牛畜，或鞭生馬以生攪敵陣，鮮有不敗。敵或森戟外列拒馬，絶其奔突，則環騎踈哨，時發一矢，使敵勞動，相持稍久，敵必絶食，或乏薪水，不容不動，則進兵相逼。或敵陣已動，故不遽擊，待其疲困，然後衝入。或其兵寡，則先以土撒，後以木拖，使塵衝天，敵疑兵衆，每每自潰，不潰則衝，其破可必。或驅降俘，聽其戰敗，乘敵力竭，擊以精鋭。或纔交刃，佯北而走，詭棄輜重，故擲黄白，敵或謂是誠敗，逐北不止，衝其伏騎，往往全没。或因真敗，而巧計取勝，只在乎彼縱此横之間，有古法之所未言者。其勝則尾敵襲殺，不容逋逸。其敗則四散迸走，追之不及。

其軍馬將帥，舊謂之十七頭項，忒没真，即成吉思，死後，其軍馬兀窟䚟之母今自領之。僞大太子拙職，已殺死了。僞二太子茶合䚟，見出戍回回國。僞三太子兀窟䚟，即今韃主。僞四太子駞欒，自河南歸病死。以上四人並忒没真子。忒没哥窩真，或呼爲窩陳，又呼爲梟聖大王，乃忒没真弟。按只䚟，忒没真之姪，兀窟䚟之弟。撥都馬，忒没真之婿。白厮馬，一名白厮卜，即白韃僞太子忒没真之婿，僞公主阿剌罕之前夫。暮花里國王，黑韃人，刀博窩之父，察剌温之祖也。紇忒郡王，黑韃人。蕭夫人，契丹人，專管投拜户砲車。阿海，契丹人，元在德興府。秃花，即阿海之弟，元在宣德府。明安，契丹人，今燕京大哥行省慇塔

【三〇】則最後至者一聲姑詭「至」原作「生」，據王本、叢書本改。

卜，其子也。劉伯林，漢人中弟一萬户。兵数多寡不得而知，但一夫而数妻，或一妻而数子。昔稀今稠，則有增而無減。今之頭項，又不知其幾。老酋宿將，死者過半。曩與金虜交兵關河之間，如速不忒，没斛，斛塔察兒，今名倴盞。按察兒，却尚無恙。然戰爭不休則續能兵者又似不乏。

霆見其俗，一夫有数十妻或百餘妻，一妻之畜産至富。成吉思立法，只要其種類子孫蕃衍，不許有妬忌者。今韃主兀窟斛丙午生，胡而黑，韃人少髯，故胡多必貴也。霆在金帳前，忽見韃主同一二人出帳外射弓，只韃主自射四五箭，有二百步之遠，射畢即入金帳。

其頭項分戍，則窩真之兵在遼東，茶合斛之兵在回回，撥都駙馬之兵在河西，各有後顧之憂。黑韃萬户八人，人不滿萬，但伯叔兄弟子姪親戚之兵不隸萬户之数。漢地萬户四人，如嚴寔之在鄆州，今東平府是也。則有山東之兵。史天翼即史三。之在真定，則有河東、河北之兵。張柔之在滿城，保州屬縣。則有燕南之兵。劉黑馬伯林之子。之在天城，西京屬將。則有燕薊山後之兵。他雖有領衆者，俱不若此四人兵数之多，事力之强也。如遼東、河西回回諸國之兵，又在漢萬户之外。

霆在草地，見其頭目、民户、車載輜重、及老小畜産，盡室而行，数日不絕。亦多有十三四歲者，問之，則云此皆韃人調往征回回國，三年在道，今之年十三四歲者，到彼則十七八歲，皆已勝兵，回回諸種盡已臣服，獨此一種回回，正在西川後門相對，其國之城三百里，出産甚富，地煖，産五穀果木，瓜之大合抱，至今不肯臣服。茶合斛征之数年矣。故尖更增兵也。

其殘虐諸國，已破而無争者，東南曰白韃金虜【三一】，女真。西北曰柰蠻，或曰乃滿。曰烏鴿，曰速里，曰撒里達，曰抗里，回回國名。正北曰達塔，即兀魯速之種。曰蔑里乞。正南曰西夏。已爭而未竟者，東曰高麗，曰遼東萬奴，即女真大真國。厥相王賢佐，年餘九十，有知来之明。東北曰妮叔，曰那海益律于，即狗國也。男子面目拳塊，而乳有毛，走可及奔馬。女子姝麗，韃攻之而不能勝。西南曰斛速益律于，水韃靼也。曰木波，西蕃部領，不立君。西北曰克鼻梢。回回國，即回紇之種。初順韃，後叛去，阻水相抗。忒没真生前常曰：非十年工夫，不可了手，若待了手，則殘金種類又繁盛矣。不如留茶合斛鎮守，且把殘金絶了，然後理會。癸巳年，茶合斛嘗爲其太子所刼。曰胵篤，黑回回，其地不雨，賣水以爲國。正北曰呷辣吸紹，黑契丹，一名大丹，即大石林國。或削其國，或俘其衆，如高麗、萬奴、狗國、水韃靼、木波，皆可置而不問。惟克鼻梢一國稍武，餘燼不撲，則有燎原之憂，此韃人所必爭者。

霆見王檝云：某向隨成吉思攻西夏。西夏國俗，自其主以下皆敬事國師，凡有女子，必先以薦國師，而後敢適人。成吉思既滅其國，先臠國師。國師者，比丘僧也。某後隨成吉思攻金國鳳翔府，城破而成吉思死。嗣主兀窟斛含哀云：金國牢守潼關

【三一】東南曰白韃金虜　「曰」字原脱，據王本、叢書本補。

黄河，卒未可破。我思量鳳翔通西川，西川投南，必有路可通黄河。後来遂自西川迤邐入金、房，出浮光，徑造黄河之裏，竟滅金國。蓋韃人專求馬蹄實路，又使命臨發草地，楚材説與大使：「你態只恃着大江，我朝馬蹄所至，天上天上去，海裏海裏去。」

其從軍而死也，馳其尸以歸，否則罄其資橐而瘞之。

霆見其死於軍中者，若奴婢能自馳其主屍首以歸，則止給以畜産。他人致之，則全有其妻奴畜産。

霆見忒没真之墓在瀘溝河之側，山水環繞，相傳云忒没真生於此，故死葬於此，未知果否？

其墓無冢，以馬踐蹂，使如平地。若忒没真之墓，則插矢以爲垣，闊踰三十里。邏騎以爲衛。

黑韃事略終

霆初歸自草地，當編叙其土風習俗。及至鄂渚，與前綱書状官彭大雅解后，各出所編，以相參考，亦無大遼絶，遂用彭所編者爲定本，間有不同，則霆復疏于下方，然此亦止述大略，其詳則見之《北征日記》云。嘉熙丁酉孟夏朔，永嘉徐霆長孺書。

◎佚名撰

朝野遺記

鍾翀整理

點校説明

《朝野遺記》，佚名撰。書中採集朝野雜事，所記人物事蹟，起於宋徽宗朝而迄於理宗朝，内容以皇室、近臣的逸聞軼事爲主，如顯仁后以晢瞽目、高宗無子思明受、秦檜妻等，或爲他書失載，或可與正史互證，雖是小説家言，亦有資於史乘。

此書未見宋元槧本流傳，明清以來叢書則常收録，如《歷代小史》、《續百川學海》、《古今説海》、《學海類篇》、《遜敏堂叢書》以及《説郛》等等，以《説郛》商務印書館本爲多，計收録三十一則，其原注「二卷」，實未分卷次，蓋其祖本爲二卷耳。明田汝成《西湖遊覽志餘》、郎瑛《七修類稿》等書亦多徵引。

此次整理，以《説郛》商務印書館本爲底本，校以《説郛》宛委山堂本、《歷代小史》本、《學海類篇》本，後三種與底本之間存在相同出入的情況下，在校勘記中則以「諸本」指代。少數各本俱誤文字或記載，參考《宋史》、《西湖遊覽志餘》等相關文獻予以訂正。

以誓瞽目

和議成，顯仁后徽宗后韋氏。將還，欽廟挽其裾而蹕之曰【一】：「第與吾南歸，但得爲太乙宫主足矣，它無望於九哥也。高宗第九。」后不能卻，爲之誓曰：「吾先歸，苟不迎若，有瞽吾目。」乃升車。既至，則是間所見大異。不久，后失明，募醫療者莫能奏効。有道士應募，中貴導之入宫，金鍼一撥，左翳脱然而復明。后大喜，曰：「老身久盲，是師重朗【二】，更煩終治其右，報當不貲。」道士笑曰：「后以一目視，足矣。彼一目存誓言可也。」后愓然起拜曰：「師，聖人也，知吾之隱。」設几而留謝之，皆不答。才啜茗，遽索去，后因詢其報德萬一者【三】。謾曰：「太后不相忘，略修靈泉縣朱仙觀足矣。」拂衣即出。時上方視朝也，仗下，入長樂，大驚，急跡訪之，寂無所得。後王剛中帥成都，而得旨受金，東朝來修玉珍故隱，既圖朱仙像進入，儼然當日道士也。

校勘記

【一】欽廟挽其裾而蹕之曰　諸本均作「欽廟挽其輪而曰：『蹕之……』」

【二】是師重朗　「是」諸本均作「得」。

【三】后因詢其報德萬一者　「因」諸本均作「固」。

欽宗神遊行都

逆亮南侵，使人至欽宗所犯蹕，七百餘人俱受害，行都固未知也。一日，京師舊輦官二人閒步景靈宮前，見淵聖衣羽衣，入門趨殿。輦官駭甚，從而迹之，無見也。一念所鍾，神游尚不能忘故國耶？

相者預見

車駕在維揚，魏公方居臺院，妙應師館其家。一日，師自外謂公曰：「適見城中人有死氣者七八，度不應如是之衆，此必虜至之徵也，宜早勸上渡江爲要。」妙應相法極神，張氏素信之，即入奏乞早移蹕，然上意欲觀燈然後南巡也。未幾粘罕遽至，翠華亟行，城中死者果無數。

高宗無子思明受

方伯彦、潛善叅安之際，外傳北風極勁，而汪、黄傲然謂無事，故上亦不甚虞【四】。比江都宫中方有所御幸，而張浚告變者遽至，矍然驚惕，遂病痿腐。故明受殂後，後宫皆絶孕。高廟中年不樂張忠獻者，非獨以和戰異議，亦追歸來望思之怒耳。

【四】故上亦不甚虞　「甚」諸本均作「知」。

明受之事

苗傳、劉正彦之變，植虛器于前星，欲自恣凶狂耳。春宫未辨菽麥，而魏公在建業，乃責倬而殞之，過矣。唐睿宗嘗帝數年【五】，又爲皇嗣者十餘載，中宗復位，以親王就列。德王裕爲劉季述等迫立，昭宗反正，復歸東宫，皆諒其非出于己也。今明受之殤，在鐵塔下父老尚能言，蓋當時併乳嫗皆掩之云。

航海衛士幾生變

航海之役，及水濱而衛士懷家流言。吕相頤浩以大義諭解，且怵以利曰：「先及舟者，遷五秩。」署名而以堂印志之。其不遜唱率者，吕皆側用印記。事定，悉別而誅賞之。

高宗渡江

乘輿初涉鎮江，羽衛介冑間止一黄扇存耳。欲發羽檄下四方，而庚符不可得，朱髹又非立談成者。忽遽中，取祖廷彤几，析而代匱焉。

【五】唐睿宗嘗帝數年　「唐」字原脱，據諸本補。

張説負舟

御舟離四明，閣于沙淺。長年之子祖躍而盪舟，憲聖自牖窺之，語其父曰：「兒盡力保護維檝利涉，事定，我以女弟妻此子。」故一時舟人盡其忠勞者，后此舉見極深遠也。舟子即張説，竟與上爲婭。至阜陵時，遂本兵柄，其際遇昉乎此。

越次建儲

莊文既薨，孝廟白德壽扶立光宗。至宣鎖院之夕，德壽故召魏王宴宿宮中。洎次日歸邸，則儲册已行，而魏邸出麻之宣城矣。復見高廟，亦有愠言，曰：「翁翁留愷，卻使三哥越次做太子。」帝語索漫，戲撫之云「兒謂官家好做，做時煩惱」云。

光宗初郊

自上聞貴妃以子故殞【六】，哭泣無節。初郊宿青城，泪不已，祀故止。而壽仁復至玉津行園，亦犯玉女宓妃之戒。丙夜將臨，星月尚皎【七】，方入大次，服衮冕，始搢大圭。烈風倏起，辟歷一震，燎火帟幙皆仆，在位者辟易，上亦驚僵。而雨雹交擊，衆皆暗中自捄不暇，莫能措手。稍霽，則已曙，亦不容即禮矣。聖體遂苦風眩。神位、玉帛、牲牢皆狼藉。

【六】自上聞貴妃以子故殞　此句諸本均作「光廟聞貴妃無疾而殞」。按《宋史》二百四十三卷《后妃傳下》，因黄妃有寵，后殺之，故以暴卒聞。

【七】星月尚皎　「尚」原作「上」，據諸本改。

所執鎮圭，殿中監已授扶侍御藥【八】，竟不知所在。一時第命宰臣望祀，車駕亟歸療疾，雖御樓之類，悉不能舉矣。

重華責李后

重華聞上疾，自臨大内撫視。時上噤不知人，但張口囈言耳。壽皇憂且怒，呼李后而數之，云：「宗廟社稷之重，汝不謹視上，使之至此，今將奈何？」一時忿極，遽曰：「萬一不復，當族而家。」既歸東朝，召留正責之，乃曰：「以汝爲相，不强諫，何事？」正曰：「臣非不言，奈不聽何？」帝曰：「爾自後須苦言之，若有不入，待朕留渠細語之。」其言止是爾。光宗既愈，后泣謂曰：「嘗勸哥哥少飲，不相聽，近者不豫，壽皇幾欲族妾家，何負何辜！」既又聞留正所得聖語，謂若更過宮，決被留不可還矣。光宗已有怔忡之候，此語既入，故終畏乃父，玉輦无近於龍樓云。

光宗不朝東内

光廟逾年不朝東内，壽皇怏怏。一日，登朝堂露臺，聞委巷小兒爭鬭呼「趙官家」者。壽皇曰：「朕呼之尚不至，爾枉自叫。」悽然不樂，自此浸不豫。

【八】扶侍御藥　「侍」原作「持」，據諸本改。

光宗欲速得正位

紹熙在鶴禁，有意受終，而難發言也。數擊鮮于慈福。后詢近侍大臣：「屢排當位，何故？」旁側有奏曰：「意望孃孃爲趣上爾。」后笑。壽皇至東内，從容閑語：「官家也好早取樂，放下與兒曹。」上曰：「臣久欲爾，但孩兒尚小，未經歷，故不能即與之。不爾，則自快活多時矣。」後來，儲邸度長樂必已及之矣，備具狀爲壽者再。后不能已，語之曰：「吾亦嘗諭乃翁，渠所見又爾。」光宗岸幘稟后曰：「臣已白髮，尚以爲童，則罪過翁翁。」后無語，蓋謂高廟遜壽皇於盛年爾。

光宗追恨壽仁

光宗既退居，每追既往時成敗，時自嗔罵【九】，或慟哭。壽仁后輒奉觴以解陶之【一〇】，以是爲常。雖宫門外事不欲動其心，然久亦覺知矣。初郊祀成，恭謝回鑾，御樂聲達于内。光宗問何事，后曰：「市井爲樂耳。」帝怒曰：「爾欺我至是，尚爾耶！」揮之以肱，后仆于閾，自是遂得疾。

【九】每追既往時成敗時自嗔罵　諸本均作「每恨既往時成敗，瞑目嗔罵」。

【一〇】壽仁后輒奉觴以解陶之　「奉」原作「奏」，據諸本改。

壽仁終于精室

壽仁后惑日者言己有厄，於大内靜處築精室獨居，以道妝事佛，病革，遂終于此。長御欲之椒殿取禮服，偶内人有怨后者，持鑰不啓，曰：「使予憑誰命？禫此褘翟。」既不得周身，則相與舉簀以歸于鷦儀。及半途，或妄言風王至，則皆委之而走。時泰安恍惚，内中畏避之故也。及久，知訛傳，方再有至者，則爲日所暴，體色黝然矣。措之大寢，宫人無計，致鮑于地，以蓮數十金瓶亂其芬。洎事聞于外，梓人進椑，幾有小白之泚。後葬于赤山邢后之側，不久雷震毁殯殿，人共怪云。

寧宗后楊氏

長秋所生母，舊隸德壽爲樂部，以久次出適于外矣。一日，奏樂，上以爲不諧。中貴人奏，近老舊者得旨嫁出，今皆新習未能串，便欲使已嫁出者通籍復入，庶新故參教。上可之。自是悉還，然后母在外孕身以數月矣，將及期，宦者奏乞復外館。高宗后吴氏憲聖后曰：「第令産，仙韶無害也。」遂誕后東朝禁中。三日洗兒，憲聖臨眎，戲祝云：「使汝長，福禄及吾。」左右皆失笑，雖一時笑言，後乃符驗云。長秋自是亦養宫中，既久，新樂純習熟。其所生母與儔侶俱還民間【一一】。后乃在楊才人位，爲義女，而以琵琶隸慈福

【一一】其所生母與儔侶俱還民間　「母」字原脱，據《西湖遊覽志餘》卷二《帝王都會》補。

宮。其生在壬午，至光宗紹熙之季，蓋已長矣。今上以嘉邸踐祚于東朝，爲重華承嫡，主喪，故久于彼。一日，朝長信，偶酒後盥手，后奉匜以前，帝悦而灑之，自爾得幸。然間至上所，久而憲聖知之，幾欲鞭朴【一二】。大璫王去爲力救之，曰：「娘娘尚以天下畀孫，一婦人何足惜，且是事不可使外人知也。」東朝雖少解，然終不恝然，謂王：「且使楊氏寄汝家，候駕回南内，却舍而復之。」故后暫居去爲家，而去爲之子瑜自是得幸。及阜陵禮畢，泰安易門闕于東華，上歸舊東宫，以便御視朝。長秋復還長信，上眷念殊厚，然莫能得之。韓后既上升【一三】，所幸宦官王德謙將詣于東朝，憲聖語曰：「乃翁舊欲吾堂前一人，尚不與之。」德謙頗黠，則奏云：「臣非不識去就，敢窺數娘娘嬪御？今大内人物如楊美人者亦不乏，臣所私見，蓋以皇后近上升，後宫雜進无序【一四】，苟得一人，自陛下處賜與官家，則衆人方帖伏。甚于保愛上躬，爲宗社大計非輕。」憲聖稍解，曰：「汝此言亦不爲无理。」德謙知有間可乘，又使中貴人傀和，以爲娘娘尚未見玄孫，而楊氏相命皆宜子，浸潤鼓扇，慈福遂以賜寧宗。漸進爲婕妤。時韓侂胄用事，知王瑜之舊也，瑜遂不得入内。時曹氏亦得幸于上，韓復左右之。故后克自抑，勵讀書。飾己挾數以御同進者，一時故有賢稱，韓无自窺之。

【一二】幾欲鞭朴　「鞭」原作「賜」，據《西湖遊覽志餘》卷二《帝王都會》改。

【一三】韓后既上升　「升」原作「仙」，據《宋史》卷二四三《后妃傳下》，慶元三年楊后進封婕妤，慶元六年韓后崩，故據下文「蓋以皇后（韓后）近上升」改。

【一四】後宫雜進无序　「序」原作「敘」，據諸本改。

理宗

今東宫選入，實餘杭宗室善下居其間，而韓侂胄與善下厚，故得導達也。然同時入者亦一二人，惟韓后獨喜今儲，嘗因與内人馳逐，總角皆鬅鬙。人欲爲梳櫛者，悉不可，必得媽媽方結。蓋常時后自爲束髮故也。由此韓后鍾情，遂決爲嗣，同入者復出，後聞繼莊文者亦在當時選中，此實天命也。夫以雖因善下出入，韓氏導達而致，苟非其人者【一五】，詎能致哉？

【一五】苟非其人者　「苟」原作「而」，據諸本改。

寧宗立后

韓成恭上仙後，後宫爲上所眷者，今長秋與婕妤曹氏耳。時欲繼立椒塗，二黨交進。曹有姊妹通籍禁中，皆爲女冠，賜號虚无自然先生者、左右街都道録者，皆厚于韓侂胄。或謂亦與韓嫗，韓侍禁中時，多在曹位，故鑄金之際，意自輕重。然曹罕術，今長秋能挾數以御之，且上意專在楊，韓密問之，未能奪也。先是，禁中有二内人懷春而病，事且媾，各設席以邀羊車，欲決此舉，二閤皆同日。今長秋故遜曹，使朝飲，而己飲于夜，曹不悟也。逮旰，酒甫一再行，曹未及有請，則楊位已奏恭肅帝輦矣。奏趣重沓，上起洎至楊所，則自從容，且遂留寢。故能舐筆展幅，以請奎章。上即書「貴妃楊氏，可立爲皇后，付外施行。」而長秋復進筆，乞又書其一，付其兄次山。逮曉，雙出之，中貴所受者未至省，而次山已持御筆自白廟堂矣。蓋后慮韓匿上批，事或中變，故兩行之，使不可遏爾。

劉蘇善謔

劉貢父觴客，子瞻有事，欲先起。劉調之曰：「幸早裏，且從容。」子瞻曰：「奈這事，須當歸。」各以三果一藥爲對。

避戎夜話

陳宋烈在靖康圍城中作《避戎夜話》與《孤臣泣血録》，俱盛行於時。當虜人欲立異姓，御史馬伸論列狀于虜酋，而秦檜爲中司，以臺長同簽，故虜悉囚之北去。宋烈所載不肯推戴異姓者，臺狀以檜爲首，特以事紀之爾，非表其忠誠也。已而宋烈至紹興後，方以選舉來改秩。甫至都，則一舉將事故函謀見闕，欲再合契焉。人教其謁廟堂者，時檜用事，客艱于謁，宋烈謾納銜名于其府，不知檜陰識之久矣。既入，即判請，一府駭異。既見，檜逆問曰：「《夜話》，公筆否？」宋烈曰：「有之。」問來故，具以剡削告。檜每聽語，必下眎若瞑，至此，舉目曰：「且理會改官。」遂索湯餞客，陳罔測也。檜即呼天官吏謂曰：「某人朝廷正欲擢用，汝等何得阻其出選？限三日改官。」吏諾，歸而傅會文字，更易日月以遷就之。吏曰：「師相知此人，異日必作侍郎。」于是羣詣賀于邸中，恍若從天而下，既問所自，乃大喜，未及謝檜，一夕暴卒。

善利將軍

洞庭廟在金沙堆中，秋水淼溢，風浪號怒，故行人必卜之，而妖巫倚爲神怪。有劉彦者，綱梢中大頭也，入廟爲駛吏，憑神以恐舟人，逆順行留，惟賄施是眎，惟劉意是聽。易祓歸潭，劉徵施未厭，止之數日，雖欲行而梢人聽于彼，不肯解維。易怒，召劉而詰之，劉曰：「神未許也，前必與龍遇，則危矣。」易曰：「今風恬浪靜如此，吾舟淹滯已數日。今吾系汝于舟尾，若如所言而舟覆，與汝俱亡。苟無風濤善達，當以欺誑刑汝。」遂命僕縛之，鼓棹遂行，如期抵邑，聞之縣，杖而逐之。彦既死，塑于廟，以其爲社神，而愚俗遂訛爲舍人。趙彦勵帥潭，乞封于朝，祓在後省格斥，乃已。至陳研繼守，舟膠于湖，禱而克濟，遂申前請，竟得「善利將軍」之號焉。

感舊詞

張孝純在雲中府粘罕座上，有所覩，賦一詞云：「疏眉秀目。依舊是，宣和裝束。貴氣盈盈姿性巧，舉止知非凡俗。宋室宗姬，秦王幼女，曾嫁欽慈族。干戈横蕩，事隨天地翻覆。一笑邂逅相逢，勸人欲飲，旋旋吹横竹。流落天涯俱是客，何必平生相熟。舊日榮華，如今憔悴，付與盃中醁。興亡休問，爲伊且盡缸玉。」

六州歌頭

《六州歌頭》在國初時，京東張、李二生能之，凡作四闋，今世傳。「秦亡草昧，劉、項起吞併。鞭寰宇，驅龍虎，掃欃槍，斬長鯨。血染中原戰。眎餘、耳，皆鷹犬，平禍亂，歸炎漢，勢奔傾。兵散月明。風急旌旗亂，刁斗三更。共虞姬相對，泣聽楚歌聲，玉帳魂驚。泪盈盈。　念花無主。凝愁苦，揮雪刃，掩泉扃。時不利，騅不逝，困陰陵，叱追兵。嗚暗摧天地，望歸路，忍偷生！功蓋世，何處見遺靈？江靜水寒烟冷，波紋細、古木彫零，遣行人到此，追念益傷情，勝負難憑！」此追傷項籍者也，其一號玉清昭應宫者，即追詠真廟者，故章獻明肅每聞必泣下【一六】。仁宗此時尚幼，嘗問左右：「是誰激惱大娘娘？」左右具言之，遂編置二生，以譏瀆宗廟之罪，自後少有繼之者。然聲調雄遠，哀而不怨，於長短句中殊雅麗。近張安國在建康留守席上賦一篇云：「長淮望斷，關塞莽然平。征塵暗，朔風勁，悄邊聲。黯銷凝。追想當年事，殆天數，非人力。洙泗上，絃歌地，亦羶腥。隔水旃鄉，落日牛羊下，區脱縱横。看名王宵獵，騎火一川明。笳鼓悲鳴，遣人驚。　念腰間箭，匣中劍，空埃蠹，竟何成！時易失，心徒壯，歲將零。渺渺神京。干

【一六】故章獻明肅每聞必泣下　「章獻明肅」原作「慈聖光獻」，據本文文意與《宋史》卷二四二《后妃傳上》改。

羽方懷遠，靜烽燧，且休兵。冠蓋使，紛馳騖，若爲情。聞道中原遺老，長南望、翠葆霓旌。遺行人到此，終憤氣填膺，有淚如傾。」歌闋，魏公爲罷席而入。

宣和君臣褻狎

王黼雖爲相，然事徽考極褻。宮中使内人爲市，黼爲市令，若東昏之戲。一日，上故責市令，撻之取樂。黼窘，顧曰：「告堯、舜，免一次。」上笑曰：「吾非唐虞，汝非稷契也。」一日，又與踰垣微行，黼以肩承帝趾，墻峻，微有不相接處。上曰：「聳上來，司馬光。」黼應曰：「伸下來，神宗皇帝。」君臣相謔乃爾。

徽宗詞

徽廟在韓州，會虜傳至書，一小使始至，見上登屋，自正茇舍。急下顧笑曰：「堯、舜茅茨不翦，方取椷睬。」又有感懷小詞，末云：「天遥地闊，萬水千山，知它故宮何處？怎不思量，除夢裏有時曾去，無據，和夢也有時不做。」真似李主「别時容易見時難」聲調也。後顯仁歸鑾，云此爲絶筆。

銀工家出相

李太宰邦彦家起于銀工，既貴，其母嘗語昔事，諸孫以爲恥。母曰：「汝固有識乎？宰相家出銀工，則可羞，銀工家出宰相，正爲嘉事，何恥焉？」其見高于李守素多矣。

象簡匾闊

哲廟苦瘵疾，不欲人見其面，凡臣寮奏事，悉以大笏自障。象簡匾闊，蓋始于此。

忠勇

文水縣西有山險可據，保正石頳聚衆據之。時抄虜遊騎且斷其運道，數夜犯其小砦。粘罕怒，遣重兵合攻之，遂擒頳。釘于車上，將剮之，已剸刃于腹【一七】，而色不變。奇之，好謂曰：「能降我，以汝爲將。」頳怒目罵曰：「爺能死不降。爺姓石名石，上釘橛【一八】，更無移易也。」罕怒，寸磔之，罵不絕聲而死。

程敦厚知貢舉

程敦厚子山，東坡表兄，士元之孫也。秦檜善之。爲中舍時，一日呼至府第，請入內

【一七】已剸刃于腹　「腹」諸本均作「股」。

【一八】爺姓石名石，上釘橛　《學海類篇》本作「爺既姓石，石上釘橛」。

閤坐，候之終日。一室蕭然，獨案上有紫綾褾一册，書《聖人以日星爲紀賦》，末後有「學生類貢進士秦暄呈」，文采豔麗。子山兀坐，靜觀反覆，幾成誦。雖酒肴問勞沓至，及晚，竟不出，乃退。子山叵測也。後數日，差知貢舉，宣押即入院，程始大悟，即以是命題，此賦果精，衆考官皆稱善。洎揭曉，乃孫果首選。

秦檜妻

秦檜妻王氏素陰險，出其夫上。方岳飛獄具，一日，檜獨居書室，食柑，玩皮以爪劃之，若有思者。王氏窺見，笑曰：「老漢何一無決耶？捉虎易，放虎難也。」檜掣然當其心，即片紙付入獄【一九】。是日，岳王薨于棘寺。

岳王卒葬

孝廟追復岳飛官爵，收召其子孫，使給還原貲帑。主者具當日所得【二〇】，止九千緡物耳。飛握重兵許久，家無賸財，自是賢矣。其斃于獄也，實請具浴拉脅而殂。獄卒隗順負其屍出，踰城至九曲叢祠中，故至今九曲五顯廟尚靈。舊大理寺，在墻下。順葬之北山之湄，身素有一玉環，順亦殉之腰下，樹雙橘其上誌焉。及其死也，謂其子曰：「異時朝家必求，求而不獲，必懸官賞。及是，汝告曰『棺上一鉛筩，有棘寺勒字，吾埋殯之符也』。」

【一九】檜掣然當其心即片紙付入獄　此句諸本皆作「檜掣然當心致片紙入獄」。

【二〇】主者具當日所得　「者」字原脱，據諸本補。

後果購其瘞不得，以一班職爲賞【二二】。隗之子始上告官，悉如所言。時無它珠玉爲殯，而尸色如生，尚可更斂禮服也。

【二二】以一班職爲賞　「職」原作「行」，據諸本改。

圖書在版編目(CIP)數據

全宋筆記. 第7編. 2 / 上海師範大學古籍整理研究所編.— 鄭州 : 大象出版社, 2015. 12

ISBN 978-7-5347-8747-8

Ⅰ. ①全… Ⅱ. ①上… Ⅲ. ①中國歷史—史料—宋代 Ⅳ. ①K244. 066

中國版本圖書館 CIP 數據核字(2015)第 314092 號

全宋筆記 第七編 二

出版人	王劉純
特約編輯	陳　新
責任編輯	郭一凡
整體設計	張　勝
出版發行	大象出版社
	鄭州市開元路16號(450044)
製　版	上海杰申電腦排版有限公司
印　刷	鄭州瑞光印務有限公司
版　次	2016年2月第1版第1次印刷
開　本	640mm×960mm 1/16 18印張
字　數	217千字
印　數	850冊
定　價	65.00元